一开口
就让人
喜欢你

卜晓斌◎编著

插图
升级版

江苏凤凰美术出版社

图书在版编目（CIP）数据

　　一开口就让人喜欢你／卜晓斌编著. －－南京：江苏
凤凰美术出版社，2019.7（2021.5 重印）
　　ISBN 978 -7 -5580 -6321 -3

　　Ⅰ．①一… Ⅱ．①卜… Ⅲ．①语言艺术 -通俗读物
Ⅳ．①H019 -49

中国版本图书馆 CIP 数据核字（2019）第 126937 号

责任编辑　李秋瑶
封面设计　松　雪
责任监印　唐　虎

书　　名	一开口就让人喜欢你
编　　著	卜晓斌
出版发行	江苏凤凰美术出版社（南京市湖南路 1 号　邮编：210009）
出版社网址	http：//www.jsmscbs.com.cn
印　　刷	河北鹏润印刷有限公司
开　　本	880mm ×1270mm　1/32
印　　张	6
版　　次	2019 年 7 月第 1 版　2021 年 5 月第 4 次印刷
标准书号	ISBN 978 -7 -5580 -6321 -3
定　　价	36.00 元

营销部电话　025 -58155675

江苏凤凰美术出版社图书凡印装错误可向承印厂调换　电话：010 -64215835

西方有句名言说得好："世间有一种能力可以使人很快完成伟业，并获得世人的认可——那就是讲话令人喜悦的能力。"享誉世界的成功学大师戴尔·卡耐基也曾说过："一个人的成功，只有15％归于他的专业知识，还有85％归于他表达思想、领导他人及唤起他人热情的能力。"

很多人有一个习惯，就是说话不爱动脑筋，想到什么就脱口而出。这就像手枪走火一样，一句话就伤了对方。本来是想关心一下别人，结果说话的人不走脑子，一句话说出来就像朝对方开了一枪。

举个例子：林丽刚刚休完产假，一天，她和另一个办公室的小杨迎面遇到了。小杨出于礼貌，打招呼说："你来上班了？真辛苦啊！"听到这句话，林丽心里还挺感激小杨的关心。谁知小杨不动脑子似的又补充了一句："你生的小孩还可爱吧？"这话说完之后，小杨立即意识到了自己的话语有些欠妥，因为没有谁认为自己的孩子是不可爱的，而你还要再去强调这个问题，必然引起对方的不快。果然，林丽不高兴了，就说："谢谢！你早点生孩子不就知道可爱不可爱了！？"而小杨是一个30多岁还没有结过婚的人。林丽也多说了后面这一句话，刺伤了小杨的自尊，加深了两个人之间的误会。

你看，同处一个单位的两个人，就因为这两三句话，成了见面不打招呼的陌生人。这是多么可惜的事。

在当今社会，人际关系往往具有决定性的力量。如果不会说话，你不仅可能得不到别人的认可、喜欢，甚至没有人会与你开展合作，也没有人给你机会，让你担当更大的责任。

本书介绍如何才能一开口就让人喜欢你的基本思路和注意事项，即"口才情商"，并帮助读者重点学习口才在职场、销售、生活、管理等各个层面的实战技巧。

2019 年 4 月

01

这样说话，一开口就能赢

02

说话有分寸，跟谁都能聊得来

03

沟通有技巧，让交流更顺畅

04

交谈重细节，处处留心才能掌控局面

05

说话有误区，把话说好要克服坏习惯

06

人生难免遇窘境，会说话才能不尴尬

07

来点幽默，让你的话更有感染力

08

会赞美，走到哪里都受欢迎

PART 01

这样说话，一开口就能赢

讲话
也要看场合

人类沟通与交流的实践证明：在相同社会环境下表达同一思想内容，不一样的场合要求使用与当时的环境相对应的语言方式，否则就很难达到说话的目的。在日常交往中，成功的领导者，说话应当看场合，即所谓的"见什么人说什么话"。

谈话的场合，常见的有以下几种。

1. 自己人场合与其他人场合

我国文化传统一向是有内外区别的。对自己亲近的人"关起门来谈话"，可以无所不说，或者可以说些放肆的话，任何事都好办；而对外边的人，却总是心怀戒备，"逢人只说三分话，未可全抛一片心"，一般是公事公办。所以，遵循内外有别的界限谈话，在社会上被认为是得体的，领导者说话违反这一界限，很多人会认为是瞎说，说话不礼貌、不得体。

2. 正式场合与非正式场合

在正式场合中，领导讲话应当严肃谨慎，事前有所准备，不能随便乱说。 非正式场合中，当然可以随便一些，可以像聊家常一样，这样便于感情沟通，谈深谈透。

3. 庄重场合与随便场合

"我专程来看你"，显得很庄重；"我顺路正好来看你"，有点随便，这可以使对方减轻心理负担。

可是，在正式的场合说"我顺路来看你"就显得不够尊重、严肃，会让听话人心里蒙上一层阴影。 而在平时的生活中明显是"顺便来看你"，却非要说成"特地看你来了"，则没有必要，并且很可能会让对方感到不自在。

4. 喜庆场合与悲痛场合

通常，说话应该同场合的氛围相符。 在别人办喜事时，一定不可以大讲让人伤心的话；在人家伤心时，说些玩笑的话，甚至哼哼小曲调，别人则会说你不识大体。

5. 适宜多说的场合与不宜多说的场合

若双方很忙，时间很少，那么，跟人说话就得简明快捷。要是谈笑风生，海阔天空，主观想法是好的，但与客观的条件不符，效果会很差。

说话时
要替对方着想

　　1987 年 6 月法国巴黎网球公开赛期间，保罗·弗雷斯科和韦尔奇与他们的商业伙伴，一起观赏这一盛大赛事。法国政府控股的汤姆逊电子公司的董事长阿兰·戈麦斯也在其列。他是一位既风趣又有魄力的人。

　　韦尔奇与弗雷斯科已经事先约好第二天去办公室拜访戈麦斯。见面时的情形和韦尔奇第一次与别的商家会谈时没有什么两样，彼此都需要对方的帮助。

　　韦尔奇想要汤姆逊医疗设备公司。这家公司叫 CGR，实力并不是很强大，在行内的排名也不高。而韦尔奇的GE 公司在美国医疗设备行业则拥有一家首屈一指的子公司，这家子公司虽然垄断了美国市场，但在欧洲市场却明显处于劣势。其主要原因是汤姆逊公司是由法国政府控股的，换言之，法国市场的大门将韦尔奇公司关在了外面。

　　会谈过程中，得知戈麦斯不想将医疗业务转卖，所以，韦尔奇决定用自己的其他业务与他们的医疗业务进行交换，看看他是否对此感兴趣。

韦尔奇非常清楚戈麦斯对 GE 公司并不感兴趣，因此，他绝不会做赔本的交易。于是，韦尔奇走到汤姆逊公司会议室的讲解板前，用笔一一列出了他可以与戈麦斯交换的一些业务。

他先列出半导体业务，对方没反应。他又列出了电视机制造业务，戈麦斯立即对这个业务产生了兴趣。因为，目前他的电视业务规模还不算很大，而且局限在欧洲范围之内，这样一交换不但可以甩掉那些不赚钱的医疗业务，而且还能使他成为第一大电视机制造商。

两人找到了利益共识，无形地进行了一次利益上的沟通、交流，于是，谈判马上开始并且很快达成了一致。

谈判结束后，戈麦斯亲自将韦尔奇送下楼。当车疾驶而去时，韦尔奇激动地对他身边的秘书说："天啊，是上帝让我与戈麦斯有了这次合作，致使我做成了这笔交易，我一定要利用好这次机会。"

阿兰·戈麦斯回到办公室后也有同样的感触。他也同样清楚，这笔交易使他获得一个相对稳定的市场地位，可以应对一场巨大的挑战。

韦尔奇在国内消费电子产品的年销售额已达到 30 亿美元，员工人数已达 3000 多人。与汤姆逊的合作，会使自己在欧洲市场的业务份额得到提高，他将更有实力来对付 GE 公司的最大竞争者——西门子公司。

这一次愉快的合作除了业务交换，汤姆逊公司还附带给了 GE 公司 10 亿美元现金的使用权，同时，汤姆逊公司也实现了成为世界上最大的电视机生产商的梦想。

韦尔奇、戈麦斯都各自实现了理想，最终获得了双赢，这对双方都是最佳的选择。做到双赢其实并不难，韦尔奇、戈麦斯成功的原因很简单，就是都能站在对方角度去看待问题，找到了利益共识，最终各取所需，各有所得。

◇ 好口才为你打开局面 ◇

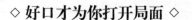

听说你女儿今年要上春晚表演舞蹈？到时我可要好好看看。

哈哈，好！

如果你主动谈起对方的得意之事，对方肯定会对你大有好感。

听说你在摄影方面颇有研究，能否请教一下拍照时光线的运用问题。

关于光线，首先要注意的是……

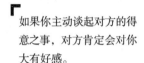

以对方擅长的事情为话题，有利于沟通的进程。

您收藏的这幅山水画一看就是真迹。

你对国画也感兴趣？

以对方感兴趣的事情为话题，有利于迅速拉近距离。

不该说的
莫开口

与人交谈的时候，该说的话留一点，不该说的不开口。因为，说出去的话如泼出去的水，无法收回。任何人都无法预测一句话会造成什么样的后果，说不定哪句不合适的话会惹来不必要的麻烦。这就要求人们在说话之前要深思熟虑，想好再说。

刘燕在一家饭店当服务员，可刚上班一天就被老板炒了鱿鱼。原因是她问了一句不该问的话。

那天，饭店里的生意特别红火。刘燕刚上班，店里就来了三位客人，她连忙过去，面带微笑地走向客人，准备为他们点菜。第一位客人点了一份鱼香肉丝，第二位点的是糖醋排骨，第三位点的是京酱肉丝。点完菜以后，三位客人又强调了一句：饭菜要干净一点。

不一会儿，这三位客人点的菜就做好了。刘燕端着盘子出来，她一边朝三位客人就座的方向走去，一边大声问："这份干净一点的菜是你们谁要的？"

就因为这一句不该问的话，刘燕丢掉了饭碗。因为这句话给饭店造成了恶劣的影响。

说话不仅要根据条件的不同，采取不同的表达方式，还要注意语言的使用不要让人误解，否则就违背了说话人的最初目的。

几位大学生去敬老院慰问一位退休老教师，见面后问道："田老师，您老的身子骨真够硬朗，今年高寿？"

老人家高兴地说："八十九啦。"

大学生继续说道："在退休老教师里面您可称得上是长寿将军了。"

老人家面带微笑地说："哪里，××年龄比我大，他已经九十高龄。不过，他去年到西天极乐世界了。"

"唷，这回可轮到您了。"几位大学生脱口而出。老人家听到这里，脸色骤变，板起脸来把他们撵了出去。

其实，大学生们实际想说，长寿将军的光环该套在老人家头上了，可他们的话有歧义，使老人家误认为他们在咒自己死，结果他们原本是一片好意，却产生了负面结果。

祸从口出，语言不当会带来负面影响。所以，管不好自己的嘴，就相当于在自己身上绑了一颗定时炸弹。

那么，怎样才能说得恰到好处呢？不妨参考以下几点：

1. 不要多嘴多舌

生活中，免不了有这样一类人：心里藏不住话，听到什么、看到什么后，总喜欢说出来，就像大喇叭一样四处传播。所谓"病从口入，祸从口出"，说的就是多嘴多舌导致的后果。

有人认为："人长一张嘴不就是为了说话？"当然，人长了嘴巴不用是不可能的，但是说话要讲分寸。大凡处事精明的人说话时总会留一手，做到该说的说，不该说的宁可烂在肚子里也不说。

2. 不要使言语产生歧义

说话前，必须仔细斟酌所说之话是否会产生歧义，尽量把话说完整，这样才能赢得别人的好感，才算把话说得恰到好处。要知道一句有歧义的话，很可能破坏原本融洽的谈话气氛。

3. 说话时要仔细斟酌

说话前一定得看场合、看时机，权衡利弊。如果说话不看场合，不讲究方式方法，也不考虑后果，往往会惹出祸端。尤其是处世尚浅的年轻人，因为社会阅历少、经验不足，大有一种初生牛犊不怕虎的气势，不管什么场合，不论什么时机，口无遮拦，滔滔不绝。长此以往，必定会吃亏上当。

从对方的角度
思考问题

　　站在对方的角度，主动调整自己的态度和行为方式，是达到目的最有效的方法之一，我们可以称这种方法为将心比心。用语言做假设，可达到将心比心的目的；用实际行动设身处地地揣摩别人的心理，并调整自己的言行，同样可达到将心比心的目的。

　　站在别人的立场上思考问题，并从对方的角度去看事物的发展方向，这是你事业成功的一个关键。

　　要说服对方赞同你的观点，就必须站在说服对象的角度上。两者的关系越融洽，说服越容易取得成功，这是基于人类的共同天性，即喜欢听"自己人"说的话。美国纽约市立大学的心理学家哈斯也说过："一个酿酒专家能给你解释为什么某一种牌子的啤酒比另一种牌子的好。但如果你的朋友——也许他并不懂啤酒——叫你选购某种啤酒，你也很可能听取他的意见。"

此外，在具体行动上甚至某些细微的方面，例如，在感情上表现出对你的听众的亲近感与认同感，往往会使你与听众产生情感上的共鸣。一旦建立了这种感情共鸣，就不需要任何苦口婆心的劝诫与说服。

生活处处需要
"和事佬"

人间需要"和事佬"，充当这个角色的机会很难得。人与人之间难免会产生摩擦或交往上的障碍，有时候双方陷入僵局，顾及颜面，谁也不愿做出低姿态，给对方一个台阶。这时"和事佬"便大放异彩了，他们最高超的功夫就是"打圆场"。

所谓"打圆场"，是指交际双方发生争吵或处于尴尬境地时，由第三者进行调解的行为。"打圆场"近似于捧场，同是圆滑乖巧之为，却不肉麻，而且在了结现实矛盾、平息事端的功效上比捧场更高一筹。"打圆场"运用得好，可以融洽气氛，联络感情，同时还有利于应付尴尬的局面，打破僵局，解决问题。

凡事都有诀窍，打圆场也不例外。当双方为某件小事争论不休、互不相让时，无论"和事佬"对哪一方进行褒贬过分的表态都会火上浇油。因此，"和事佬"必须比较客观地将事情的真相说清楚而不加任何评论，让双方从事实中进行自我反省，消除误会，并引导他们各自多做自我批评，使矛盾最终得到解决，使矛盾双方最终和解。

如果属于非原则性的争论，根本没有必要争论下去，但是，双方却各执己见，那么作为"和事佬"应该如何"打圆场"呢？如果让双方力陈己见，往往不会有什么好效果，不妨岔开话题，转移争论双方的注意力。

假如双方对争论的问题有较大的分歧而且都有失偏颇，由于自尊心都不肯服输，那么"和事佬"应该考虑双方的面子，将双方的见解取精华去糟粕，做出公正的评论，让双方都可以接受，这样就把争论引导到理论的探讨、观点的统一上来了。但绝对不能"各打五十大板"，不分青红皂白地批评，因为批评是不能解决这些问题的。

学会给别人
留面子

　　法国著名作家拉罗什富科曾说过："不能容忍别人错误的人往往比其他人更经常地犯错误。"确实，在我们生活中经常会发现身边的人会犯各种各样的错误。于是，如何做到及时纠正别人的错误但又不伤害他人，成了人际交往中的一门重要学问。

　　也许你会说："批评还不容易？直接跟他说'你错了'或'你不应该这么做'，很简单嘛。"然而我们都知道，人是有情感、顾脸面的，很少有人不主动维护自己的意见和看法。因此，几乎没有谁在听见"你错了"三个字时仍能内心平静。大家常常会因为听到别人的批评而心情不悦，冲动的人甚至可能当即暴跳如雷、反唇相讥。

　　千万不要小看"你错了"这直截了当的三个字，在人际交往中，这三个字总是会起到破坏作用，几乎从未带来任何好的效果。这三个字通常只会带来一场不快、一场争吵，甚至会使朋友变成敌人，使情人变成怨偶。当我们理直气壮地用它指出别人的错误时，可能意识不到这样做会在别人的心中留下疤痕。

从人性角度来说，犯错的人只会把错推给别人，而不会责怪自己——我们都是如此。这不是肚量的问题，而是人性的问题。只有少部分人能够正视人性的弱点，以一颗大度的心接受别人的批评。

那么，想批评别人的时候，我们应该采取怎样的方法呢？被誉为20世纪最伟大的心灵师长的戴尔·卡耐基曾指出，要想达到批评别人的意图，不妨先承认"我错了"，这对疏通人际关系和解决问题很有好处。

曾经有一位著名作家以主动承认错误的方式，赢得了读者的认可和尊敬。在长达20年的社会纪实小说写作之后，他尝试着变换风格，推出了一部悬疑推理类新作，这种风格让很多读者难以接受。一名愤怒的读者甚至写信给他，言辞激烈地批评他的突然转型。信中很多语句有失偏颇，看得出这位读者对小说艺术的理解并不深入。然而这位作家并没有因此而生气，反而非常认真地写了一封回信。在信中，他只字不提这位读者偏激鲁莽的言辞和肤浅的认识，相反，他很诚恳地承认自己并不适合写悬疑推理题材的小说，他很感谢这位读者的意见，并希望以后能够常和他交流意见和观点。

这个故事让我们深刻体味到"你错了"会为自己增加新的敌人，"我错了"却能帮自己赢得新的朋友。可以想象，那名激动的读者看到回信后，一定会为自己的冲动偏激心生惭愧，为作家的谦逊大度深深折服。 在一个胸襟宽广、能够认识自己的错误并敢于向他人承认错误的人面前，任何问题都将迎刃而解，任何矛盾都将烟消云散。

　　约翰是纽约一家木材公司的推销员，他与那些冷酷无情的木材审查员打交道已经好几年了，常常发生口角。为此，他改变策略，不再与别人发生口角。结果呢？以下是他陈述的一段经历：

　　"一天早上，我办公室的电话铃响了，一个人焦急地在电话里告诉我，我给他的工厂运去的一车木材都不合格，要求我立即把货从他们的货场运回来。原来木材被卸到1/4时，他们的木材审查员报告说这批木材低于合格标准50%，鉴于这种情况，他们不愿意要这些木材了。我立刻动身向那家工厂赶去，一路上一直在想该怎样解决这个问题。根据自己做了多年木材审查员的经验与常识，我应该力图使对方相信这些木材达到了标准，告诉他们错的是那个木材审查员。但这次我决定换一种方法，打算用新近学会的'说话'方式处理问题。

　　"我赶到场地，看见对方的采购员和审查员一副揶揄的神态，好像已经做好了吵架的准备。我陪他们一起走到卸了一部分木材的货车旁，问他们是否愿意接着卸货，这样我可以看一下情况到底怎样。我还让审查员像刚才那样把要退的木材堆在一边，把好的木材堆到另一边。

　　"不一会儿我就发现了问题，这审查员审查得过分严格，用错了标准。这种木材是白松木，而这位审查员对硬木很内行，却不懂白松木。我恰好很懂，不过一点也没有表示反对他的木材分类方式。我一边观察，一边问了几个问题，我提问时很友好和善，并告诉对方审查员说他们完全有权把不合格的木材剔出来。这样一来，审查员改变了之前冷酷的态度，我们之间的紧张感开始消除。渐渐地他的整个态度变了，并最终承认自己对白松木并不了解，于是开始对每一块木料重新审查并虚心征求我的看法。

"最后，他们买下了全部木材，我也拿到了全价的支票。"

约翰这样做，不仅让自己赢到了支票，而且还处理好了与别人的关系。由此可见，两全其美的结局在于不轻易责备别人。

虽然知道对方错了，但是要选择恰当的方式让对方接受自己的意见，这样才有利于办好事情。同时，因你尊重他人的态度，在你的人际网中又多了一个朋友。

人人都有自我保护的意识，都忌讳别人直接指出自己的错误。既然如此，我们在劝说别人的时候，就得多加注意，不要随便指责别人说"你错了"，尤其是不要强迫人家当面承认错误。我们应该采取一些温和委婉的方式，巧妙地提醒他哪里错了。比如，在刚开始交谈时可以跟对方说："我有一个不太成熟的想法，请你帮我分析分析，看看可行不可行？"这样，对方会对你的话题产生兴趣，不知不觉地同你讨论起来。

在讨论的过程中，你就可以趁机发表自己的观点了。当然，为了不引起对方的戒心，谈话才刚刚开始时，你还需要扯一些与主题无关的"家常话"，这是一个必要的"预热"过程。"扯家常"可不是"弄景"，而是为了表示对对方的尊重。"景"是"假"的，但"假"戏一定要真做，这样才容易让对方接受你的劝告。

在试图转变对方态度的同时，还要注意维护对方的脸面，保护他的尊严。过分直率地指出对方的错误，等于剥夺了对方的尊严，撕破了对方的脸面，也等于宣布自己是不被对方欢迎的人。这样的状况下，不管你的意见有多好，都难以让它发挥出"效益"来。

如果对方犯的是无关紧要、无伤大局的小错误，那就没有指出的必要。得过且过不仅是为了让自己避免不必要的烦恼和人事纠纷，也是为了顾及别人的名誉，不给别人增加烦恼。

现实往往就是如此，当我们直接指出对方的错误时，他的反应也许会让我们心生不悦；反之，如果我们承认自己错了，则不但能避免所有的争执，也能使对方变得宽宏大度，承认他自己可能弄错了。

通常在指出对方错误时，他或许并不知道你真正的意思，究竟是为了贬低他、抬高自己，还是为了他好？因此，你应该尽量让他明白你对他的批评出于好意。

第一，要持同情的态度。因为这样做，不会对别人吹毛求疵，同时对别人的过错要予以谅解，从而展现出自己的大度胸怀。

还要注意的是，说话要温和。"你真糊涂，这件事完全弄错了！"这样具有刺激性意味的字眼最好不要用，容易使听者产生抵触心理。因此，要用一种温和态度来表达。

第二，想要改变对方的主张，最好使对方觉得是自己改变了原有想法，而不是由别人指出。对于那些固执的人应该站在朋友的立场上，给予恳切、正确的指正，让他知错而改，严厉责备的结果只能是适得其反。纠正对方的时候，有些人喜欢用命令的口吻，这样不但效果不佳，反而还会得罪别人，因此，最好是用征询式的语气。

比如，同样的意思，"你不应该用红色！"和"你认为不用红颜色是不是会更好一点呢？"这两种不同的说话方式产生的效果自然不同。

此外，纠正别人的错误还要选对地点和时间。原则上讲，要在对方情绪比较稳定时指出他的不足之处。人在情绪不佳时，可能什么也不愿意听。还有最重要的一点，就是最好避开第三者，以一对一的方式进行，以免让对方产生当众出丑的感觉。在公共场合直接说出别人的错误，除了会为自己多树立一个敌人外没有任何好处。

不要把时间浪费在
无谓的争论上

很多时候，我们没有必要和别人计较那些小小的得失，生活中该睁一只眼闭一只眼时，就不必较真。

　　阿强大学刚毕业时，去参加一位朋友的婚礼。席间，有一位年轻人在介绍新郎与新娘的关系时，用了"青梅竹马"这个成语。年轻人为了突显自己的博学多才，还念出了这首诗："郎骑竹马来，绕床弄青梅。"但是这个年轻人却把此诗的作者搞错了，他所念的这两句出自唐代诗人李白所写的《长干行》，而他却误以为是从宋代女词人李清照所写的诗中摘取而来的。阿强当时年轻气盛，又觉得自己很擅长中国文学，因此，阿强毫不客气地当着众人的面纠正那名年轻人的错误。可是不说还好，这样一说，那人反而更加固执己见了。

　　就在阿强与那位年轻人僵持不下时，恰巧看见自己的大学老师坐在邻桌。阿强的这位老师是专攻唐代文学的博士，他教的课程也与诗词有关。于是，阿强叫那个年轻人去找自己的老师评一评，那个年轻人也听过阿强老师的大名，所以，他同意找老师评一评理。阿强和年轻人都把各自的论点说完，老师没有发言，只是安静地听着，然后，在盖着桌布的桌下用脚轻踢了阿强一下，态度庄重地对阿强说："你错了，那位先生说得才对。"

回家的路上阿强越想越不明白，他不相信老师这么有学问的人竟会忘记这首诗。他一到家就从书架上找出《唐诗三百首》，第二天连班都没上，就拿着书去找老师理论，要他还自己一个公道。

阿强在教授研究室里遇到了老师，还没等他把书拿出来与老师争辩，老师就先开口了："你昨天说的那首诗是李白的《长干行》，一点也没错。"这时，阿强更不理解老师的用意了，一脸的困惑，老师看了看阿强温和地说："你说的一切都对，但我们都是客人，何必在那种场合给人难堪？他不一定会同意你的观点，再说他也只是发表自己的看法，不管是对还是错都与你没关系，你与他争辩有何益处呢？在社会上工作别忘记这点，那就是永远不和人作无谓的争辩。"从此阿强把这句话当作了自己的座右铭。

"永远不和人作无谓的争辩"，反复默念这句话能让你压住心中的怒火，减少不必要的争论。仔细想想，即使我们真的辩赢了对方，又能得到什么呢？其实这都是好胜心惹的祸。在处理人际关系的时候要与人为善，善待别人就是善待自己，与其与人争论，不如反省自己。

　　杨格是一名博士。有一天，他和几位贵妇人乘坐游艇，泛舟泰晤士河上。他吹着长笛，尽力逗那些贵妇开心。这时，游艇后不太远的地方，驶来一艘载有很多军官的船。那艘船靠近之后杨格就不再吹笛子了，军官们问他为何不吹了。

　　"很简单，将长笛放回口袋里和我把它从口袋里拿出来有同样的理由——都是为了使自己高兴。"杨格博士回答说。

　　其中一位军官发怒了，并威胁他说，要是他不立刻把他的长笛掏出来继续吹，就要把他扔进河里。博士怕吓着那些贵妇人，只能忍下这口气接着吹起来。只要对方的船还在河上，他就不能停止吹笛。

　　傍晚时分，他看到那个曾经对他粗暴无礼的军官正独自一人行走在一处偏僻的地方，便朝那个军官走去，冷静地对他说：

　　"今天我是为了避免引起我的同伴和你的同伴烦恼，才服从你的命令继续吹笛。现在为了使你相信我与你一样有勇气，明天一早，就在此地，我们两个单独决斗一场，希望你能来。"

　　第二天早晨，两位决斗者在昨天约好的时间和指定的地方碰面了。军官正准备走向决斗的位置，就在这个时候，博士却举起枪瞄准了他。

　　"干什么，"军官说，"你想杀掉我吗？"

"当然不是，"杨格说，"不过，你得为我跳一支舞，否则我就干掉你。"

博士看起来如此暴怒，如此坚决，军官只好屈服了。

当他跳完舞的时候，杨格说：

"昨天，你让我违背我的意愿，逼着我吹长笛。今天，我也一样违背你的意愿，强迫你跳舞。现在，我们两人的事儿都以娱乐的方式了结了。"说完他头也不回地走了。

卡耐基曾经说："你赢不了争论。要是输了，你当然就输了；如果赢了，也依然是输的。"在争论中，没有胜者，所有人都只能充当失败者，不管他(她)愿不愿意接受。因为十之八九的争论结果都只会使双方比以前更相信自己绝对正确；或者，即使你已经知道自己的错误，也绝不会在对手跟前俯首认输。这时候，心服与口服很难达成一致，人的固执将双方越拉越远，一直到争论结束，双方不再有开始时的对立立场，一场毫无必要的争论造成了双方可怕的对立。所以，世上只有一种方式能使你在争论中获胜，即避免争论。

PART 02

说话有分寸，跟谁都能聊得来

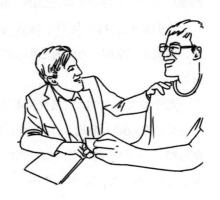

让寒暄
恰到好处

俗话说："话要开好头，事要收好尾。"说好开头语的方法众多，形式各异，寒暄便是其中之一。 一番恰到好处的寒暄，能引起人们的关注，起到抓住人心的效果，特别是能使谈话内容进一步深入，起到潜移默化的引导作用。

所谓寒暄，是指人们见面之后的相互问候，以示礼貌和关心。 在人际交往中，寒暄起到了联络感情的作用，它能在谈话的两个陌生人之间，架起一座友谊的桥梁。 这样看来，寒暄便成了人际交往中不可或缺的一道程序了。

人们见面时打个招呼、问候两句，是在所难免的。 但是，寒暄也要掌握一定的方法和技巧，要把寒暄的话说得恰到好处。

两个初次见面的人，彼此间都不甚了解，在这种情况下，往往会让气氛陷入僵局。 这时候，打破僵局的最有效方法就是寒暄。 人们不妨以如下的方式开始寒暄，如问问工作情况。 对熟悉的人，还可以打听一下身体状况，等等。 具体方法可参考以下几点：

1. 寒暄时要流露出真挚的感情

初次与人见面时的寒暄，一定要表现出真诚，要真心实意地问候对方，不要让别人觉得你只是为了应酬，才说出那些体贴关怀的话。

2. 用询问工作进展、身体状况的方式，展开谈话内容

与人见面寒暄时，询问工作进展、身体状况，是一个非常好的沟通办法。比如，可以这么说："最近工作忙吗？一定要注意身体啊！身体是革命的本钱，不要只顾忙工作，而忽略身体健康啊！"这样一来，对方不但能体会到你对他的关心，还能迅速化解彼此间的陌生感，为进一步交流打下良好的基础。

3. 依照行动确定寒暄内容

当遇到某人下班时，可以用"下班啦"这样的寒暄语打开话匣子。这样的问候，既大方自然，又能使对方倍感亲切，使对方愿意跟你交谈。

寒暄前，了解对方的基本情况是十分必要的。人与人之间的交谈，实际上就是感情的沟通。而交流必须建立在相互了解的基础之上，只要事先对交谈对象有个大体的了解，在交谈过程中，就能准确把握对方的心理，达到自己的目的。

每个人都希望别人对自己畅所欲言，可是这需要激起对方的谈话欲望，打开对方的"话匣子"，从而引起共鸣，你的观

点或劝导才更容易被对方接纳。 当然，交流的时候也要因人而异、随机应变，要看准对方的兴奋点，这样才能占据有利地位。 当然，这一切应以了解对方基本情况为前提条件。 否则，缓和谈话气氛，把握对方兴奋点，就是一句空话。

大家都清楚谈话气氛对深度交谈的重要性，也都明白轻松愉快的谈话气氛是拉近谈话双方距离的主要方法之一。 所以，在与人交谈时，必须注意这点，尽量用轻松、有亲和力、充满感情的语气与他人交谈，就像在家中茶余饭后的闲谈一样。 这样才能在最短的时间内，缩短谈话双方的心理距离。

适当的寒暄，可以缓和僵持的谈话气氛，但寒暄也不能太过冗长，它只是与人交谈时的前奏，要适可而止。 因为寒暄的主要作用是缓和谈话氛围，拉近谈话双方距离，为进入正题做铺垫。 如若把寒暄当成了谈话的主题，就会引起别人的反感，认为你这个人虚伪，办事效率也不会很高。

寒暄语就像是打开谈话大门的一把钥匙，运用得当，就能轻松跨过门槛；如果运用不当，就有吃闭门羹碰钉子的可能。所以，在寒暄过程中，一定要把握尺度，使寒暄恰到好处。这样，素不相识的陌生人也可能成为知心朋友。

说话方式
要得体

尺有所短，寸有所长。每个人说话的方式方法也各有千秋，究竟什么样的说话方式最容易让人接受，其实并没有一个固定标准。只要能让对方接受，你便成功了，否则，就是失败。

那么，究竟什么样的说话方式才算得体呢？以下几点可供参考：

1. 表达清晰

与人交谈过程中，措辞精练、思路清晰的说话方式，总能给人留下深刻的印象，这是抓住人心的第一步。如果说话颠三倒四、模糊不清，则很容易让别人无法理解你所要表达的意思。

这对社交没有任何好处，对扩大人际交往，也是有百害而无一益的。

2. 见解独到

与人交谈，千万不能随声附和，人云亦云。要从大处着眼，提出独到的见解，并用朴实的话语论证所提出见解的正确性。这并不是在卖弄，而是展现自己的最佳时机。当然，所提见解一定要有水平、有高度，符合实际情况。

3. 从小事说起

交谈的一大禁忌就是脱离实际。先从小事谈起，并将理论与实践有机地结合起来，说经验，谈做法，既不空言理论，也不夸大事实。只有这样，才能抓住对方的心。

4. 讲实在话

与人交谈时，态度也十分重要。实实在在、恭恭敬敬是人们所大大提倡的。说话时，不必高谈阔论、夸夸其谈，只要言简意赅、精辟独到，就可以了。通常情况下，问题的关键，就在那几句简单朴实的话语中。

5. 符合对方口味

有些人喜欢听委婉的话，在了解对方的喜好后，应对其说话含蓄一些；有些人喜欢听直截了当的话，应该对其说话开门见山，朴实坦诚；有些人喜欢听有学问的话，应该对其说些与学识有关的话题；有些人喜欢拉家常，应该对其说话通俗易懂，亲切熟络；总之，无论选择哪种说话方式，最重要的一点，就是一定要迎合听话者的口味，这样才能事半功倍。

6. 态度平和

与人交谈过程中，话题的选择固然重要。但是，别人的评价也非常关键，得到他人的好评、获取他人的认可是扩大人际交往的有效手段，但这些都需要有一个良好的说话态度。

交谈过程中，经常会发现这样的情况：当某人心平气和地与人交谈时，谈话气氛往往会很融洽。即使他说话时心不在焉，却依然能够清晰地说出自己想要表达的意思，从而给对方留下一个深刻的好印象。究其原因，是因为在不同的心态下会有不同的说话方法。平和的心态能提高说话的质量，使听话者有一种被尊重的感觉，这样就很容易赢得对方的好感。

7. 保持一份好心情

在与别人说话的时候，心情也是一个重要因素。与人交谈时，心情愉快，言语中自然会流露出开心与轻松，同时，听话者的心情也会被感染，产生继续交谈的欲望。如果交谈时心情不佳，悲伤自艾，则会令对方失去交谈的欲望，将会失去很多朋友。

恰当的说话方式，能够给个人形象增添色彩，能使人们的观点更加合情合理。在正确的说话方式引领下，通过语言表达来获得他人的认同与赞赏，是一件令人非常开心的事情。

话不点透，
以免伤人心

说话的魅力在于让听话者能自觉认识到自己的错误，心悦诚服地加以改正。讲话者则需要运用一些技巧，尽量做到既不把话点透，又可以让对方听出自己的潜台词，这样才不至于将谈话双方置于尴尬境地。

在北京一著名饭店，一位外宾用餐之后，顺手把精美的景泰蓝食筷悄悄插入自己的西装口袋里。

这一切都被服务员小姐看在眼里，她不露声色地迎上前去，双手拿着一只装有一双景泰蓝食筷的绸面小匣子，说："我发现先生用餐时，对我国景泰蓝食筷爱不释手，非常感谢您对这种精细工艺品的赏识。为了表达我们的感激之情，经餐厅主管批准，我代表本店，把这双图案精美且已经严格消毒处理过的景泰蓝食筷送给您，并按照我店的优惠价格记在您的账簿上，您看如何？"

外宾当然听出了这些话的弦外之音，当即表示感谢，并解释道："我刚才多喝了几杯酒，头有些发晕，误将食筷放入口袋里。"并借这个"台阶"说："既然这种食筷不消毒便不能使用，我就'以旧换新'吧！哈哈！"说着取出食筷恭敬地放回餐桌上，接过服务员小姐递给他的小匣子，不失风度地向收款台走去。

人非圣贤，孰能无过。有时人们难免会做出些不太合理的事，或者是办了错事。在这种情况下，就要注意说话的方式。尤其是在交际场合，既要指出对方的错误，又要给对方留些自尊。

心理学研究表明，任何人都不愿将自己的错误或隐私在公众面前曝光，一旦这种情况发生，就会感到难堪或恼怒。

因此，在人际交往中，如果不是因为有某种特殊需要，一般要尽量避免触及对方的敏感区，避免让对方当众出丑。必要时可含蓄地指出对方的错处或隐私，给他造成一种心理压力。但不能过分，点到为止即可。

言有尽而意无穷，话中有话，既提出了忠告，又赢得了对方的信任。这样一来，就会多一份舒心而少一份烦恼。

◇ 话不点透，互留台阶 ◇

言有尽而意无穷，话中有话，既提出了忠告，又赢得了对方的信任。这样一来，就会多一份舒心而少一份烦恼。

说话分寸
决定效果

同事之间说话，恰到好处的语言非常重要。许多矛盾之所以发生在平时关系非常亲密的同事之间，很大的原因就是有一方说话不讲分寸，使对方产生误解，从而产生隔阂。

究竟该如何把握同事之间说话的分寸呢？

1. 要注意对方的年龄

对年龄比自己大的同事，最好谦虚些、服从些。当然，尊敬是最根本的，年长的同事往往是高你一辈的，经验比你丰富得多。与他谈话，千万不要嘲笑其"老生常谈""老掉牙了"，一定要保持尊重的态度。即使自己认为是不正确的也要注意聆听，而后再委婉提出自己的意见。

对于年长的人，最好不要随便问他们的年龄，因为有些人很忌讳这一点，问起他们的年龄时，常使他们感到难堪。所以，在与年长的同事面前谈话时，不必总是提及他的年龄，而只去称赞其所做的事情。这样，你的话就会温暖他（或她）的心，使他（或她）觉得自己还年轻，还很健康。

对于年龄相仿的同事，态度可以稍微随便些，但也应该注意分寸，不可口不择言，伤人尊严。在与自己年龄相仿的异性同事说话时，尤其要注意，不要乱开玩笑，以免引起一些不必要的麻烦。

对于年纪比你小的同事，也要把握一定的分寸，应该保持谨慎、沉稳的态度。年纪较小的同事，有些人可能思想太冒进，或知识经验不足，所以与他们交谈时，注意不要对其随声附和，降低自己的身份；但也不要同他们进行争论，更不要坚持己见。只需让对方知道，你希望他（或她）对你无须过度尊敬，他（或她）就会因此而保持适当的态度和礼仪。但是，千万不要夸夸其谈，卖弄经验，在自己的知识能力范围之外还信口开河，否则，一旦被他们发觉，就会大大降低他们对你的信任与尊重程度。

2. 要注意对方的地位

和地位比自己高的人谈话，常使自己有一种压迫感，从而木讷口钝，思维迟缓。但有人却为了改变这种情形而走上了相反的极端，即对上司高声快语，显得傲慢无礼。显然，这两种态度都是不可取的。

与地位高于你的同事谈话，无论他是你的顶头上司还是其他部门的领导，都应持尊敬的态度：一则他的地位高于你；二则他的能力、知识、经验、智慧也比你高，应该向他表示敬意。需要注意的是，与地位高的人谈话，必须保持自己的独立态度和想法，不要做一个应声虫，让他误以为你唯唯诺诺，没有主见。 要以他的讲话内容为主题，听话时不要插嘴，要全神贯注。 对方让你讲话时，要尽量讲与话题关系密切的事情，态度应轻松自然、坦白明朗，回答问题要明确。

与地位较低的人谈话，不要趾高气扬，态度应和蔼可亲，庄重有礼，避免用高高在上的语气来同其谈话。 对于他工作中的成绩应加以肯定和赞扬，但也不要显得过于亲密；更不要以教训的口吻滔滔不绝地说个没完，使对方感到厌烦。

3. 要注意对方的性别特征

交谈时还要注意，性别不同，说话方式亦大不相同。 同性别的同事之间谈话的言语自然要随便些，而对于异性同事，谈话就应特别注意。 当然并不是说要处处设防，但起码"男女有别"还是要注意的。 比如，公司的聚会上，有一位新来的女同事年龄比较大，即便你是关心她，也不能上去问她："××，你看起来很显老，到底多大了？"如果这样问了，恐怕这位女同事要记恨你了。

女同事与男同事讲话，态度要庄重大方、温和端庄，切不可搔首弄姿、言语轻佻。 男同事在女同事面前，往往喜欢夸夸其谈，大谈自己的冒险经历，谈自己的事业及自己的好恶，更喜欢发表自己的看法，让听者感到惊奇与钦佩。 所以，男同事需要的是一个倾听者（女同事要当一个听话者，但是，也一定注意不要太啰唆，声音不要太大，不要总想找机会打岔纠正对方，或不停地抱怨家里的是非……）；但是，如果男同事说话令人难以忍受，这时，女同事则可以巧妙地打断他的话，或干脆直截了当地告诉他："对不起，我还有事。"

4. 要注意对方的语言习惯

我国地域广阔，方言习俗各异。 一个大规模的单位，不可能全部由本地人组成，肯定还会有各地的同事，这点也要注意。 不同的地域，语言习惯不同，自己认为恰当的语言，在其他地区的同事听来，可能很刺耳，甚至还会认为你是在侮辱他。

比如，小仇是西北某地区人，而小汤是北京人。一次，两人在空闲时间闲聊，谈得正高兴，小仇看见小汤头发有点长了，就对小汤说："你头上毛长了，该理一理了。"没想到小汤听后勃然大怒："你的毛才长了呢！"结果两人不欢而散。

毫无疑问，问题就出在小仇的一个"毛"字上：小仇的家乡都管头发叫"头毛"。 小仇来北京的时间不长，言语之中还夹杂着方言，因此，不知不觉就说了出来。 而北京人却把"毛"（什么"杂毛""黄毛"等）看作一种侮辱性的话，难怪小汤要发怒了。

还有许多类似的语言差异：如北方称老年男子为老先生，但这话让上海嘉定人听起来就觉得是侮辱他；安徽人称朋友的母亲为老太婆是尊称，但是在浙江，管朋友的母亲叫老太婆那简直就是骂人了。

各地的风俗不同，说话上的忌讳也各异。 在与同事交往的过程中，必须留心对方忌讳的话。 一不留意，话脱口而出，很容易伤害同事间的感情。 即使对方知道你不懂他的方言，不知他的忌讳，原谅了你，但毕竟你还是冒犯了他，会给双方的交往留下阴影，因此，应该特别注意。

5. 要注意关系的亲疏

倘若对方不是交情很深的同事，你也畅所欲言、无所顾忌，对方的反应会怎样呢？ 你说的话，是属于你的，对方未必愿意听你讲自己的事。 彼此关系尚浅、交情不深，你却与之深谈，则显得你没有修养；你说的话是关于对方的，你不是他的诤友，与其深谈的话，即使是忠言逆耳，也显得你冒昧无知；你说的话是关于国家政治方面的，对方主张如何，你并不清楚，却要高谈阔论，容易招惹一些不必要的麻烦。

因此，在一个公司内，要与身边的同事搞好关系，谈话则必须注意对象的亲疏关系。 对关系不亲近的同事，大可聊聊闲天，而对于自己的隐私还是不谈为妙。 但这并不等于对任何同事都要遮遮掩掩，见面绝不超过三句话，而只说些不痛不痒的大面上的话。 若是交情较深的同事，则可以就其面临的生活方面的困难替其出谋划策，这样还可以增进彼此间的感情与友谊，更有利于工作。

6. 要注意对方的层次与性格

你与同事交谈，首先要清楚他的个性：对方喜欢委婉的话，你说话应该含蓄些；对方喜欢直来直去，你大可不必与之绕圈子，摆迷魂阵；对方喜欢钻研学问，你就应该说比较有文化层次的话；对方文化层次不高，你就应该与之谈些家长里短的小事；对方如果喜欢推心置腹，你就应该多说些诚恳朴实的话语。当然，这并非"六月天，孩儿脸"，一天三变，而确实是处理同事之间关系的好办法。

　　某甲生性耿直，说话直来直去，毫无隐瞒，偏偏碰上了说话爱绕弯的某乙。一天清早，某乙从厕所出来，正好碰上某甲。某甲就大声问道："从哪儿来？"某乙见有他人在场，还有两位女同事，便随手一指："从那儿来。"某甲不明白："那儿是哪儿？"某乙只好含混地说："WC。"某甲偏偏不知，又不甘心，继续大声问："WC是什么东西？"某乙见其他人都在看他俩，便偷偷扯某甲，小声道："1号。"某甲环顾周围，正好1号房间是某女同事的寝室，于是大为惊讶："大清早你在小王屋里做什么？"某乙顿时面红耳赤，真恨不得找个地缝钻进去。

　　上面这个故事虽为一个笑话，但也可以充分说明，对不同的人讲不同的话着实很重要。如果某甲讲究一点说话方式，不再寻根究底地追问下去；或者，某乙讲话直接一点，告诉某甲自己从厕所来，也不会弄得语意模糊不清、两人都尴尬了。

　　7. 要注意对方的心境
　　与同事谈话，应该注意什么时候是适宜的时机。比如对方正在紧张忙碌地工作，你就不要去打搅他；对方正在焦急时，你也不要去同他闲聊；对方如果正处于悲痛之中，如非要事，也不要去和他交谈。假如你在这些情况下不合时宜地去打断扰乱他，交谈是进行不下去的。

对方心境不同，应该有针对性地选择不同的话题。遇到同事得意时，应该同他谈高兴的事；遇到同事失意时，应该适时宽慰，跟他说些你自己的失意事。如果同失意的人大谈得意之事，不但会显得你很不知趣，而且容易让对方觉得你是在挖苦他，他与你的感情只能变坏。同得意之人谈你的失意，他说不定会怪你扫他的兴，即使表面上对你表示同情，心里也许会怀疑你想请他帮忙。你刚开口，他就设了防，使你无法深谈。对方心境不同，你也应有不同的交谈策略，这样肯定能让同事间的关系变得更加密切友好。

话不要
说得太满

一个年轻人想在大发明家爱迪生的实验室工作，恰巧爱迪生需要一个得力的助手，于是接待了他。年轻人向爱迪生表明来意，同时，还表露了雄心壮志，他说："我一定会发明出能溶解一切的溶液。"爱迪生听完以后，便问他："那么你想用什么器皿来装这种溶液呢？它不是可以溶解一切吗？"年轻人顿时无言以对，面试的结果可想而知。

年轻人没有被录用，因为他把话说得太满，没有给自己留一条后路，从而陷入了自相矛盾的境地。如果他能谨记"逢人只说三分话"的原则，最后也就不会搬起石头砸自己的脚了。

与人交谈时，许多人为了表现自己的文采，习惯性地使用一些修辞。其实，运用修辞并非坏事，但是一定要运用得当，否则很可能让别人误解。

屠格涅夫的小说《罗亭》中，皮卡索夫与罗亭有一段对话：

罗："妙极了！那么照您这样说，就不存在信念这类东西了？"

皮："根本不存在。"

罗："您确信是这样吗？"

皮："是的。"

罗："您不是说没有信念这个东西吗？"

皮卡索夫用"根本"一词来修饰自己的话，结果却适得其反。正因为他把话说得太满了，才使自己难堪。

话多的人，通常喜欢一吐为快，不考虑说出去的话所产生的后果，所以，容易惹人厌烦。其实，多说话非但无益，还会给自己平添麻烦。精通世故的人，说话会分轻重，只说三分。或许人们会认为这样的人圆滑，不能深交。其实，这种观点有些片面。每个人说话时都要看对方是什么人，如果对方不是一个可以深谈的人，能说三分就不少了。

说话有三个限制：人、时、地。不是其人就不必说，得其人而没有得其时，也不必说；即使是得其人，也得其时，却没有得其地，那也不必说。没有得其人，而谈三分话，其实那已是很多了；如果得其人，未得其时，说出了三分真话，其实那是暗示别人，看看别人听到真话后的反应；如果得其时，没有得其地，而说了三分真话，就会引起别人的注意了，如果有必要的话，可以与他长谈下去，这样的人才能称作通达人情世故的人。

如何才能说出别人爱听的话？ 最重要的就是"逢人只说三分话"。 适时地探测别人的性格、爱好、特长等，然后，对不同的人说不同的话，这才是说话的最高境界。

仔细斟酌
闲谈用语

闲谈是考验个人品德的重要标准之一。 一个人如果在闲谈中，总是捕风捉影、搬弄是非，说明这个人的品格不高尚。所以，在与人相处时，一定要注意闲谈用语，别损害自身形象，要把好口风，别给自己找麻烦。

闲谈是改善人际关系、增进双方友情的方法，也是增进团结合作的工具。 与人闲谈过程中，可以获得许多知识。 可是，生活中因为闲谈而引发矛盾的现象也很常见。 这就说明，闲谈具有两面性，既能产生好的作用，也有负面效果。

所谓"病从口入，祸从口出"，谁都明白这个道理。 曾有人将舌头比作一把锋利的剑，杀人于无形中，这个比喻一点也不夸张，因为一句不负责任的话，很可能酿成别人的不幸。

比如，某人捕风捉影，听到某少女不贞的谣言之后，不去调查就乱说，这种行为无疑会给那位少女带来沉重的思想负担，如果该少女心理承受能力不是很强，就可能酿成一场悲剧。

与人闲谈时，要谨言慎行，别让闲谈损害了自己的形象。闲谈是枯燥生活的调节剂，为了使闲谈起到好的作用，还应注意以下几点：

1. 不说别人忌讳的话题

在闲谈中尽量回避对方忌讳的话题，用心体谅他人。要知道，任何人被击中痛处，都会受到伤害。因此，在与人交谈过程中，必须管好自己的嘴。

2. 控制情绪，以免出口伤人

许多人一旦被激怒，理智便消失殆尽，说出得罪人的话，等到风平浪静后，回忆起自己说出的话又后悔。所以，当自己生气时，首先，要控制好嘴，不管说什么样的话，都要本着不伤人的原则。

3. 闲谈莫说不着边际的话

双方交谈时，最好不要涉及第三者，即使所谈之事不可避免地涉及他人，也要掌握好尺度，跟此事有必要的可以谈，但没有联系的最好就此打住。绝不能当着交谈者的面，用不礼貌的语言评论第三者，或用侮辱性的语言诽谤第三者，这些都触犯了谈话禁忌。别人会怀疑你的人品，对你提高警惕，不会再与你畅所欲言，因为他们担心日后你也在背后说他。

4. 不要嘲笑对方失言的地方

闲谈中，对方的言谈举止有失态的地方，不宜嘲笑，要友善地提醒，采取适当的手段，给别人留余地，才能表现出一个人的君子风度。 时间长了，会给人留下宽容豁达、光明磊落的好印象。

闲谈中，必须用大脑管好自己的嘴。 闲谈可以增进感情，扩大人际交往，不要因一时口误而造成不可挽回的损失。

PART 03

沟通有技巧，让交流更顺畅

幽默
要恰到好处

说话幽默的人不仅受人欢迎，还能助你取得成功。 英国著名戏剧家莎士比亚说过："幽默和风趣是智慧的闪现。"法国作家雷格威更断言："幽默比握手更接近文明。"幽默是人与人交际时的润滑剂，有了这一润滑剂，在人际交往中我们就会游刃有余。 不过，恰当的幽默会助人成功，但不当的幽默会让自己陷入窘境。 事实上，幽默还是有很多值得注意之处的。

首先，幽默要注意目的明确、尺度适当。 打个比方来说，这恰如用杠杆原理去撬一块石头，目的是搬石头，最关键就是要弄清支点。 幽默的目的有大有小、有远有近，幽默的尺度则是幽默的支点。 掌握得好能缓解气氛；掌握不好，将成为社交场合的破坏性炸弹。

人们常用的是嘲讽假丑恶、颂扬真善美的道德尺度，即对幽默题材对象运用正确的道德评价，不愚昧地去嘲笑科学，对待正确的事物也不要用错误的标准去攻击。

其次，不要选庄严的事物作为幽默的对象。比如说，一个民族、国家、社会制度和人生的信仰等。不过，在一些聪颖非凡的政治家手中，开政治玩笑、适当的幽默也未尝不可。有这么一则《小试智商》的幽默，就是关于美国总统布什的玩笑：

一个天气晴朗的下午，美国前总统布什碰见了撒切尔夫人，他问她："请问如何才能衡量下属的才智？"

撒切尔夫人气定神闲地把她的外交大臣豪招来，问他："你爸爸的儿子，但不是你的兄弟，他会是谁呢？"豪爽快地答道："豪。"豪离去后，撒切尔夫人对布什说："这个很简单，不是吗？"

布什回到白宫，把听到的问题问了前副总统奎尔："你爸爸的儿子如果不是你的兄弟，是谁呢？"奎尔答不出来，跑去请教基辛格。基辛格听完问题，回答他："基辛格。"奎尔随即回来答复布什："基辛格。"

布什听了，叹道："唉，奎尔，我真给你气坏了。答案应该是奎尔呀！"

类似这样的笑话俯首即是。但是这类不伤大雅的政治玩笑，平民可以开，对于政客来说则需谨慎。

面对不如自己的人少调侃，不要拿别人的伤疤开玩笑。

另外，幽默语言不可在伦理辈分上占便宜。在生活中，有很多人喜欢开玩笑，占同事的便宜，一会儿给同事当父亲，一会儿又当爷爷，这样也会闹得彼此都不开心。

综上所述，幽默要注意对象的地位和背景。掌握了幽默中的禁忌，才能让人喜爱，处处受欢迎，人际关系才能融洽、和谐。

◇ 机智幽默，化险为夷 ◇

学会"旁敲侧击"
解决问题

　　20 世纪 50 年代，美国副总统尼克松偕夫人去日本访问，日本首相吉田茂设盛宴款待。席间，吉田茂频频给两位敬酒，显得非常热情，尼克松夫妇也很高兴。抓住这气氛十分融洽的时机，吉田茂转过头去对身旁的尼克松夫人开玩笑道："我发现在东京湾停有几艘美国驱逐舰，冒昧地问一句，是怕您受到欺负而开来保护您的吧?"一个小小的玩笑，引得众宾客笑语连连。大家都能听出吉田茂话里有话，尼克松就更不会不懂了。

　　当时，这些军舰在日本东京湾停泊，引起日本政府不安，尼克松对此事是完全了解的，所以，他很清楚吉田茂是在旁敲侧击地表达对美国军舰的不满之情。于是，尼克松下令撤走了停在东京湾的军舰。

　　采用"旁敲侧击"的方法，不仅可以让双方在不发生冲突的情况下解决问题，还可以化解彼此的矛盾，所以这一方法非常适用于谈判。

日本占领东北三省之后，当时的民国政府非常依赖美国，宣扬美国可以帮助中国主持"公道"。鲁迅先生听后非常气愤，但是他没有直接拆穿，而是在一次演讲中，用一则幽默小故事对此事进行侧面抨击。

他讲："在我小时候，我们乡下有个阔佬，许多人都想攀附他，并以能和他说话为荣。一天，一个要饭的喜形于色，有人问他为什么这么高兴。他说是阔佬同他讲话了。"许多人听后不信，追问讲话内容。他激动地说："我站在门口，阔佬出来了，他对我说：'滚远点儿！'"台下的人哈哈大笑，人人都知道其中的讽刺意义。

鲁迅的说话技巧令人称羡，他对不合理事件采取旁敲侧击的讽刺，让人佩服。下面还有一个很典型的例子。

那是在鲁迅任教期间，有一个地方官僚禁止男女同学一起游泳。鲁迅先生对此不以为然。于是，他幽默地说："男女同学同在一个泳池里游泳，偶尔皮肉相碰是必然的。但是，毕竟男女授受不亲，所以禁止可以，不过即使禁止了男女同泳，但是男女仍然一同生活在天地中间，呼吸同一片空气。空气这种气体流通也比较快，它会从这个男人的鼻孔呼出来，被那个女人的鼻孔吸进去；而后又从那个女人的鼻孔呼出来，被另一个男人的鼻孔吸进去，如此一来，淆乱乾坤，岂不是比皮肉相碰更伤大雅吗？如果要完全男女授受不亲，干脆下一道命令：男女老幼、诸色人等，一律戴上防毒面具。这样既禁止了男女之间的交融，还避免女子抛头露面。这样就会每个人都……喏！喏！"鲁迅站起身来，模仿戴面具走路的模样，台下的人们都笑得前仰后合。

鲁迅的语言虽然夸张，但正是这种夸张的语言才指出了事情的荒诞。 尤其是这种旁敲侧击的讽刺法能把道理讲得深刻、明白，更鲜明地揭露出封建官僚们的虚伪面孔。

保持沉默
是解决争议的"良药"

在激烈的竞争中，有才能的人很容易遭人嫉妒。因为很多人为了保住自己的地位，会不择手段地排挤对他造成威胁的人。在这个时候，如果沉不住气，与对方发生口角，那就掉进了对方设下的陷阱。

阿旺是某机关的一名员工，工作能力十分出众，而且不骄傲，平日只是默默工作。同事闲谈时，他也总是笑着静听。

机关里来了一个忌妒心非常强的员工，名叫阿才，只要看见能干的同事，他就要主动向对方发起攻击，因此，机关里的老员工不是辞职就是请调。最后，只剩下阿旺一个老员工，阿才为了巩固自己的势力，时时想排挤他。

一天，阿才故意找理由，劈头盖脸地向阿旺发起了一阵猛攻。不料，阿旺不但没有被阿才激怒，反而对他微笑，一句话也没说，只是偶尔蹦出一个字："啊？"

阿才见此状况，灰溜溜地离开了阿旺的办公室，心里装了一肚子气，却不好发泄。

半年后，阿才向机关领导递上了辞职报告。

其实，阿旺并非听力不好，而是清楚一个道理——与其争论不休，不如保持沉默。争论只能激化矛盾，而沉默却可以把争论扼杀在摇篮里。

阿旺与阿才是职场中两个典型的代表人物，或许有人认为阿旺过于阴险狡诈，用沉默的手段击败同事。但是，面对故意找碴儿的人，说多少都是多，沉默才能自保，倘若阿旺没有用沉默的态度对待阿才的挑衅，而是与阿才针锋相对，一同陷入争斗的旋涡中，阿旺恐怕也早已被阿才赶出了机关。

阿才因为忌妒心强，所以不择手段地排挤老同志，但是他的这种排挤方法对于习惯沉默的阿旺却不奏效，反而自己卷铺盖走人。由此可见，在别人故意找碴儿时，最好的办法就是保持沉默，避免一场无谓的争吵。

其实，只要有人的地方，就免不了有争斗，所以，每个人都要做好面对外来袭击的心理准备。人们可以不去加害别人，但穿上"防弹衣"是必要的，保持沉默就可以起到防弹衣的作用。每个人都清楚一个道理：与痴癫人争斗，那是自讨苦吃，因为他们根本听不懂你在说些什么，到头来反而是自己生闷气。

生活中，很多人既不聋也不哑，每每听到不顺耳的话，就要强硬地回敬对方。 殊不知，这样的愚蠢行为正好中了对方的计。 如果采取沉默的态度对待他人的挑衅，对方自然觉得没趣，反而显得自己无理取闹。 挑衅者多半会在你保持沉默时，仓皇地"且骂且退"，离开现场。

如果你持久地沉默下去，并且装出不知情的样子，发出一些疑问的声音，如"啊？"那么，对方更觉得没有面子，只能结束争吵。 沉默是对无理争吵进行反击的有力武器，与其卷入争吵的旋涡当中，还不如以沉默的方式置身事外，这既是说话的技巧，也是与人交往的技巧。

借对方之题，
言自己之意

　　借题发挥，要借得合理、巧妙，构成顺水推舟之势，不能牵强附会。要想做到不牵强、无痕迹地借题发挥，就要顺其自然，顺理成章。尤其是当一个人处于某种场合时，更要善于敏感地、准确地捕捉住眼前的事物，借此达到意想不到的效果。

　　下面有几个小故事，阐述了借题发挥的妙处。

　　　第二次世界大战期间，英国首相丘吉尔访问美国，请求罗斯福总统给予一批军火援助，罗斯福举棋不定，没有明确答复他。丘吉尔回到宾馆时郁闷至极，他刚迈进浴盆，罗斯福突然不宣而入，当时丘吉尔正好赤身裸体沐浴。丘吉尔不愧为幽默大家，正当两位国家元首难堪之时，他一耸肩膀说："瞧，我这个大英帝国的首相对您可是没有丝毫隐瞒啊！"罗斯福听了不禁大笑起来。

丘吉尔妙语惊人，不仅掩饰了自己赤身裸体的窘态，而且含蓄地表示了他在政治立场上也是开诚布公、毫无隐瞒的。他借题发挥，不仅恰当地打破了僵局，缓和了氛围，而且获得了罗斯福极大的同情和好感。

在交际活动中，窘境或被动局面不可避免。碰到这种情况时，如能借助对方提供的话题或某种情境，顺势发挥，往往可以取得出其不意的效果。

经验丰富的辩手总是善于利用有利时机表达自己的意思，并注意扩大其影响。有时，这机会就是发现对方不合理之处并进行论证。趁机接过这一论题加以发挥，不仅可以变被动为主动，而且能收到意想不到的效果。

阿凡提害眼病，看不清东西。国王偏偏叫他来辨认东西，还取笑他说：

"你不论看什么，都认为一件东西是两件吗？你本来穷得只有一只毛驴，现在却有两只了，阔起来了，哈哈！"

"真是这样，陛下，"阿凡提说，"就如同现在把你的两条腿看成了四条，和我的毛驴一模一样呢。"

阿凡提对国王的回答，用的也是巧借话题法。他巧妙地利用国王的话题，借题发挥，狠狠地讽刺了国王一番，让其自作自受，自讨没趣。

借题发挥，重点突出一个"借"字，因为所论之题是论敌提供的。能否将论敌的话题借为己用，反映出辩者运用这一对策的论战经验和思辨能力。 借题发挥的限制条件是辩论时的特定情境和论战双方的对立关系。

借题发挥通常的做法是以其人之道还治其人之身。 以敌方的论证或方式还击敌方，能产生有力的反驳作用。

先退后进，
转折服人

人都有自尊，都爱面子。生活中有一些人明知自己错了，却仍然强词夺理，毫不让步。还有一些人，自高自大，或戒备心理很强，别人的话通通听不进去。要想说服这些人，最好采取先退后进的策略。

战国时期，齐国有个人得罪了齐景公，齐景公大怒，命人将他绑住，召集左右武士肢解他，谁要劝谏，一律斩首。晏子左手摸着这人的头，右手磨着刀，仰面向齐景公问道："古代贤明的君主要肢解人，您知道是从哪里下刀的吗？"齐景公听后离开坐席说："放了他，过错在寡人。"

晏婴为了说服齐景公不要肢解得罪他的人，首先顺从他、附和他，让齐景公信任他，赢得发言权，进而申明大义，道其"贤明"，使齐景公茅塞顿开，不再坚持杀人。这个例子告诉我们如果有些人比较傲气，不愿听你的话，你可以尝试说

"我有几句话想说，不知对不对，如果说错了，请你纠正我"之类的话。这样一来，你的谦逊姿态将会奇妙地诱使他听你讲话。

再如，某人坚信自己能力强，但因仕途不顺，颇为气恼。这时候你可以劝他："如果我是你，也会生气的，但是仔细想想，生气不能解决问题……"这样他会认为你是知己，进而愿意倾听你所说的话。

在与人交谈中，把对方的话题和看法先承接下来，予以赞同，能够缓解对方的对立情绪，使他听你讲话。然后，话锋一转，改变原来对对方的某些看法，这样对方比较乐意接受。

许多人在劝说别人时，总是试图证明自己是完全对的，对方的所有观点都是错误的。其实，精明的劝说者总是就某些事情做些让步，并找出与对方一致的观点，逐步劝解，从而使对方改变主观意见和态度。

对方提出某种观点，不可能毫无道理。因此，要想说服对方，不妨先承认其观点的正确性；再转折"是的，你在那件事情上当然是正确的，但是……""是的，我明白你的意思，但是……"

采取这种"是的……但是……"的转折技巧，温和而准确地陈述你的理由，使他易于接受你的话，心悦诚服地赞同你的观点。

这样的说话技巧使对方由于自己的话题被认同，从而认为自己被肯定和接纳，最初对立的情绪就会逐渐减弱，直到被人说服。

PART 04

交谈重细节，处处留心才能掌控局面

忌把"我"字
挂在嘴边

一家大型公司发布招聘信息后，应聘者接踵而至。当时，公司只聘用两人，于是，在一番精挑细选后，从众多应聘者中选中三人，进行最后的选拔。

接着，该公司为这三人出了一道这样的题目："假设你们三人在森林探险时车子坏了，车子在返回途中抛锚。这时，车内只有四样东西供你们选择，分别为刀、帐篷、水和绳子。请你们按照这些物品对你们自身的重要程度进行选择吧。"

有一名男士抢着说道："我选择刀、帐篷、水、绳子。"

负责招聘的高层领导问："你为什么把刀放在第一位？"

这位男士说："防人之心不可无。帐篷只能睡两个人，水也只有一瓶，万一有人为了生存，想谋害我怎么办？我选刀是为了防身。"

其中的一位女士说："这四样东西是我们大家都必需的物品。"

"我们大家"这个词引起了招聘负责人的兴趣，他微笑着问这位女士："说说你的看法。"

　　女士解释说："水是生命之源，尽管只够两个人喝，但大家都谦让一点，省着点也许能熬过；虽然帐篷只够两个人睡，但我们可以轮流睡；刀也是路上必不可少的工具；当我们遇到不好走的路时，可以用绳子把大家绑在一起，以防丢失。"

　　另一位男士的回答与这位女士大体相同。

　　结果，选择刀的男士被淘汰。

　　这就是把"我"字挂在嘴边给人们带来的不利影响，一个过分以自我为中心的人，无论做什么事情都喜欢表现自己，把功劳归在自己的身上，过错却推给别人，这样的人不仅令人讨厌，也没有人愿意与这样的人为伍。

　　用"我"和"我们"的差别在于听者的感受。人们都比较喜欢听"我们"这个词，认为这是尊重的象征。如果将"我们"换成"我"，听话者会认为你对他不够尊重，你是一个极度自私的人，从而防范于你。

　　所以，聪明的人与任何人说话时，都应把集体观念放在首位，把"我们"挂在嘴上，让说出去的话起到联络感情的效用，这会为你的人际交往开绿灯。

有效
说服别人

　　日常生活中，人们常常遇到这样的情况：与别人争论某个问题时，尽管自己有鲜明、正确的观点，却不能说服对方，有时还会被对方反将一军。这是为什么呢？心理学家认为，要使自己的观点被认同，仅观点正确还不够，还要掌握谈话技巧。

　　说服别人，要以理服人、以德服人、以情服人、以礼服人。说服别人时，不仅要有耐心，还要掌握一定的方法和技巧，不要以权以势压人，更不能靠投机、欺骗手段，否则，没有人会心甘情愿地听从。另外，说服别人应当合情合理，如果强词夺理，只会导致对方产生厌恶感。

　　那么，如何才能有效地说服别人呢？请参考以下几条建议：

1. 以退为进，调节气氛

　　首先应该想方设法调节谈话气氛，尽量避免使用带有命令语气的话语；友好和谐的气氛有利于说服的成功。反之，在说服时如果不尊重他人，摆出一副盛气凌人的架势，则很难成功。毕竟，每个人都有自尊心，都希望得到别人的尊重。

有一位中学老师非常善用此法来说服学生。他担任成绩落后班级的班主任，而此时恰好赶上学校安排各班学生参加清洁操场的劳动。起初，全班学生都不肯干活。后来，这个老师想到一个以退为进的办法。他问学生："我知道你们并不是怕干活，而是怕热是吧？"学生们不愿背上懒惰的坏名声，便七嘴八舌地说确实是因为天气太热了。老师说："既然是这样，天气凉快些后我们再进行，大家先放松一下。"一听这话，学生们掌声四起，高呼万岁。老师为了使气氛更热烈一些，还买了几十个雪糕让大家解暑。在说说笑笑中，这位老师说服了全班同学。

2. 善意威胁，以刚制刚
有的时候，用善意的威胁也能达到说服的目的。

在一次集体活动中，领队用一种以刚制刚的办法说服了旅馆经理。事情是这样的：当大家风尘仆仆地赶到事先预定的旅馆时，才得知原来订好的套房（有单独浴室）竟没有热水。为了解决此事，领队约见了旅馆经理。

领队：对不起，这么晚还把您从家里请来。天这么热，不洗澡怎么行呢？何况我们预定套房时，说好供应热水，还要麻烦您给我们解决一下。

经理：此事难啊！锅炉工回家去了，没有人放水，我已经让他们开了集体浴室，你们可以去那儿洗。

领队：当然，集体浴室不是不可以，不过，话要讲清，套房一人一晚 50 元，是有单独浴室的。现在却要去集体浴室洗澡，那标准就不一样了，我们要求每人少付 15 元。

经理：那不行！

领队：那我们就需要您提供热水。

经理：抱歉，无法做到这个。

领队：您一定有办法做到！

经理：你说有什么办法？

领队：您有两个办法：一是找回失职的锅炉工；二是您可以给每个房间拎两桶热水，由您选择。

这次交涉的结果：经理派人找回了锅炉工，40 分钟后，每间套房的浴室都有了热水。

尽管威胁能增强说服力，但是，务必注意以下几点：一、态度友善是关键；二、讲清后果，说明道理；三、把握好威胁的度，否则会弄巧成拙，事倍而功半。

3. 消除防范，以情感人

一般来说，被说服对象往往会有抵触情绪，尤其是在危急关头。这时候，要想成功说服，就要注意消除对方的防范心理。怎么做到这点呢？从人的潜意识来说，防范心理是把对方当作敌人时产生的一种自卫心理。那么，消除防范心理，最有效的方法就是反复给对方一些暗示，表示自己是朋友而不是敌人。暗示的方法多种多样，如：嘘寒问暖，给予关心，表示愿意给予帮助，等等。

4. 投其所好，以心换心

说服别人时，最好站在别人的立场上考虑一下，这种投其所好的技巧，非常有说服力。要想做到这一点，最重要的是"知己知彼"，唯先知彼，才能从对方的立场上考虑问题，从而达到说服目的。

有一个精密机械工厂，将新产品的部分部件授权给一个小工厂制造。不料，小厂生产的零件均不合格。由于时间紧、任务重，总厂负责人只得让那个小厂尽快重新制造，但小厂负责人认为错不在自身，不想返工，双方僵持了许久。总厂厂长弄清此事的来龙去脉后，对小厂负责人说："我想，这件事完全是由于总厂设计人员工作不仔细所致，使您吃了亏，实在抱歉。万幸的是，正是您才让我们发现总厂的管理中存在的问题。所以，好人做到底，你们不妨将它制造得更完美一点，这样一来，对你我双方都有好处。"最终，双方重新达成了返工制造的协议。

小厂负责人之所以被说服，是因为总厂厂长使他觉得对方在为他着想。

5. 寻求一致，以短补长

有些人不喜欢接受他人的意见，经常处于"不"的心理状态中，一脸拒人千里之外的表情。对付这种人，如果一开始就提出问题，势必让对方产生抵触心理。因此，要努力寻找与对方一致的地方，接近心理距离，然后再水到渠成地提出自己的问题，最终达到目的，使对方接受自己的建议。

东汉末年，刘备攻打曹操失败，为图他日东山再起，他投奔了刘表。为了寻求人才，他拜访了荆州名士司马徽。司马徽推荐说："此地有'卧龙''凤雏'，二人得一，可安天下。"经多方打听，刘备得知"卧龙"就是诸葛亮，此人隐居在襄阳城西二十里的隆中，精通史书，却身居草屋躬耕，刘备决定亲自拜访诸葛亮。

刘备三顾茅庐，前两次诸葛亮避而不见，第三次才亲自出迎。在茅庐中，诸葛亮和刘备共同探讨时局，分析形势。刘备诚意请他出山相助，重兴汉室。诸葛亮也被刘备"三顾茅庐"的诚意打动，同时，为了实现自己的政治抱负而离开了隆中。

此后，诸葛亮尽显才华，帮助刘备东联孙吴，北伐曹魏，占据荆、益两州，北向中原，建立蜀汉政权，形成与东吴、曹魏三国鼎立的局面。

◇ 有效说服，掌控局势 ◇

镜子碎就碎了，他只是个孩子，算了！

你也认同"从小见老"这个观点吧，他这么小，犯了错误不及时纠正，他长大后会犯大错误的。

层层递进，巧妙说服

老公，咱们还是不要把钱都投在股票上吧，你看华子就是全投了，结果把给孩子留学的钱都赔了。

摆事实，讲道理

您选择我们公司的产品就放心吧！我们的产品连续八年被评为"消费者信得过产品"，市场占有率38％，投诉率0.05％……

用数据说话，更有说服力

说话
要找准时机

社交高手无论何时何地，都会让自己尽快融入别人的谈话中。那么，他们是如何做到这一点的呢？下面有几点建议：

1. 适时地安慰对方

当别人与你谈论某事时，如果对方不清楚你是否对此话题感兴趣，常常会不知所措，有时还会为此而产生焦虑情绪，此时应及时安慰对方。

你可以说"我对你说的那件事很感兴趣，能否再详细一点？""请你继续说，我认为你说得很在理"或"我对此也十分感兴趣"。

这是在暗示对方：对于你提出的话题，我十分感兴趣，可以继续谈下去。对方看到这种情形，先前的犹豫会因为你的肯定而消失。

2. 体会对方的心理感受

交谈过程中，很可能谈到某些令人气愤的事情，对方的情绪波动会很大，借此机会，可以用体谅性语言巧妙地插入别人的谈话。

可以这样说，"我能体会你的心情，遇到这样的事，我和你一样激动""你似乎觉得有些心烦"或"你心里一定很难受吧？"等。

如此一来，对方就会对你产生"相识恨晚"的感觉，自然而然地拉近彼此之间的距离。

值得注意的是，交谈过程中，不要对对方所谈内容妄下结论，也不要说一些片面性的话，诸如"你是对的""他怎么可以这样做"之类的话。你的目的是融入对方的谈话，没有必要评定对方的对错，更不要趁机阿谀奉承。

3. 准确领会对方的意思

与语言表达能力弱的人交谈时，让对方表达清楚自己的意思是至关重要的。有时，对方可能因为急于让你知道某些事情，在言语上会出现歧义的现象。这时，你应该仔细领会对方想表达的意思，说出对方想说的话。

可以这样说，"你是说……""你的意思是……"或"你大概想这样表达吧"。

这样一来，会减轻对方的心理压力。对方也会认为你善解人意，对你产生好感，从而拉近双方的距离，增进彼此间的友谊，达到交流的目的。

在加入对方谈话之中时，以上三种方法有一个共同点，那就是对对方的谈话不妄加评判，不将个人想法转嫁到别人的思想意识中，保持中立。不过，有时在非语言传递信息中，你可以表达一下自己的立场，但要注意关注对方情绪这条规则。违背了这一规则，就会陷入沟通的误区，产生不良后果。

　　要想加入别人的谈话之中，就必须找准时机"有的放矢"，关键时刻"力挽狂澜"。 只有这样，才能达到交流的目的。

把话
说到点子上

与人交谈时，如果只知道对方的观点和态度，而不知道对方这样做的原因，同样达不到目的。有这样一个笑话：

某青年见同伴唉声叹气，抱怨生活郁闷、活着无聊。他问："你这是怎么了？"

"唉，你知道，我特别爱那个姑娘。我恨不得把自己的心给她，可她居然拒绝了我对她的爱。"

"拒绝了？咳！你别当真！更不要气馁。有志者事竟成，发扬坚持不懈的精神嘛！要知道，女人对男人说'不'，常常意味着'是'。所以，你又何必当真？"

"可她并没有对我说'不'呀，而是轻蔑地对我说'呸'！"

这下子，青年傻眼了。他不知对方心结，怎可随意"支招"？

了解别人的"心结"所在，不仅需要获得对方的反馈信息，还得准确地理解对方作出某种反应的原因及含义，否则，双方的交流就无从谈起。有的放矢，这一点在说服中尤其重要。

李萍是一家工厂人力资源部的主管，在这方面，她有深刻的体会。有一件事让她记忆犹新。

为了工厂的可持续发展，厂领导决定重新安排在岗人员。有一位女职工因此而闹情绪，说厂长有意整人，还要求厂长立即给她办病休手续，要吃老保。对于厂长的解释，她一句也听不进去。这天，她又来找厂长闹，李萍叫住了她："大姐，咱姐妹关系不错，来，到我那儿唠两句。"

这位女士一落座，就报怨这报怨那，只有一个中心意思：此次岗位调动，是厂长有意整她。等她说完了，李萍才明白她的心结所在，李萍说："大姐啊，厂长初来乍到，和咱无冤无仇，咋会整你呢？这次精简，机关下去20多人，你们传达室也下去了三个人，不止你一个。这真不是厂长的意思。要说呢，这些年你在传达室工作轻车熟路，乍一下到车间劳动，肯定不适应。可话又说回来了，也不是只累咱一个。就说新厂长吧，50多岁了，比你还大几岁，不也照样下车间吗？再说，精简后，传达室现在是两个人干五个人的活儿，肯定也不像以前那么轻松了。你说是不？咱下到车间后，干活虽然累点，可是，多干多得，工资可是比以前提高了很多呀！"

李萍一边说，一边观察那位女士的脸，已经阴转多云了，见她正在思忖，李萍又继续说道："大姐啊，你一时生气，要吃老保可亏大了！你今年48岁，差两年就要退休了。如果你现在吃老保，那退休后的工资只能拿70%，你不就吃大亏了？你想想，辛苦了大半辈子，就因为这件事情而搞砸了？常言道，'编筐编篓，重在收口'。如今，你站好最后一班岗，给大家留个好印象，自己也不吃亏！你觉得是不是这个理？"

没想到，这话还真管事儿，那位女士马上多云转晴了。她拉住李萍的手，激动地说："你算把你傻大姐给说醒了！我这最后一步差点迈砸了！我听你的，明天就下车间！"第二天，她果然穿上工作服下了车间，而且毫无抱怨。

当局者迷，旁观者清。一定要弄清对方在"事中迷"的真正原因，然后再对症下药，以理攻心。只有这样，才能做到"一番话说笑了苦恼人"，让事情出现转机。

说服教育的前提是自觉自愿。坦诚相告、对症分析的过程，恰恰是启迪和实现这种自觉自愿的过程。不论说服什么人，都要以心相对，将自己的观点和意图逐渐融入对方的思想中，方能最终见效。

与陌生人交谈，
尺度是关键

　　大学毕业后，王丽到一家公司上班。一天，她因公去外地出差。在车库里，偶遇一美国游客。出于礼貌，王丽先与对方打了一声招呼，王丽认为，作为东道主，如果不与这位美国姑娘热情地寒暄几句是失礼。于是，王丽操着一口流利的英语，大大方方地与姑娘聊了起来。

　　在交谈过程中，王丽无心问道："你今年多大岁数了？"听到这么一问，姑娘很诧异，敷衍地反问："你觉得呢？"王丽感觉似乎有些不对劲，便转移了话题说："依你的年龄看，一定成家了吧！"结果，谈话就此结束。美国姑娘冷冷地看了王丽一眼，把脸背了过去，不愿与王丽继续交谈下去。此后，二人再无对话，直到王丽驱车离开。

　　俗话说："酒逢知己千杯少，话不投机半句多。"正是因为话不投机，两人才会不欢而散。 王丽在与姑娘交谈时，无意中涉及了对方的个人隐私。 在国外，随便打听别人的年龄、结婚与否等都属于不礼貌的言行。 由于不了解这一点，王丽破坏了谈话气氛，没能给对方留下良好的第一印象。

为了营造良好的谈话氛围，在与陌生人交谈时，必须把握分寸，吸引对方的注意。 那么，怎样才能达到这样的效果呢？ 以下几点可供参考：

1. 避开别人的缺点

在与陌生人交谈时，以双方都认识的第三者介入话题，有助于拉近双方距离，引起感情上的共鸣，这是我们人际交往中的常用策略。 但是，在交谈时最好不要谈第三者的缺点，否则，会使对方产生戒备心理，给别人留下说长道短的印象，对结交朋友没有任何好处。

2. 有自己的主见

与陌生人交谈时，千万不要人云亦云，要有自己的主见，引导谈话的方向。 当然，在说话前，还要仔细分析事情的发展形势，将问题逐级提升。 要知道，好多事情并不是那么浅显的，如果只看到表面现象，很容易跟着别人的思路思考问题。 这样做非但不能引起别人的注意，反倒会让别人怀疑你的能力。

3. 说话要谦虚谨慎

现实生活中，很多人喜欢夸夸其谈，无论什么场合，都喜欢当主角，言谈举止中流露出不屑一顾的神情，这正是交际所忌讳的。 与人交往，尤其是与陌生人交往，务必注意一言一行。 一句自夸的话，往往就是一颗丑恶的种子，一旦将其播入他人的心田，就会长出令人讨厌的果实。

4. 说话要言简意赅

俗话说："一锅豆腐磨不完，啰里啰唆招人烦。"简洁使人觉得主题清楚，同时，也会给别人留下干练的印象。 而说话啰唆的人，往往会给别人带来麻烦的感觉。

5. 告辞要讲究方法

与人交谈的过程中，结束语得当，可以给交谈画上一个圆满的句号；方法不当，则可能使之前的努力归于徒劳。

当双方谈到尽兴之时，如果有急事必须离开，最好不要把着急的神情表现出来，也不能匆匆忙忙地说出离别之言，以免忙中出错。 正确的方法是等待对方说完，这样既可以节省时间，又可使对方对你产生好感，希望再次与你交谈。

说话需要一定的水平，特别是面对陌生人的时候，更能展示一个人的人际交往能力。 在初次交谈时，如果能把握好合适的尺度，就能将自己的人格魅力完美地展现出来。

话到嘴边
也要留三分

俗话说：逢人只说三分话，留下七分在心里。你也许有所疑问：事无不可对人言，为何不能和盘托出呢？

其实，这是一种自我保护。

每个人都有许多秘密，我们或许会因为一时冲动而找人倾诉，但如果秘密泄露出去而导致不良后果，那就是自找倒霉。世界是复杂的，很难达到以心换心。

魏晋时期的两位奇人——嵇康和阮籍，他们为人处世的态度大体相同，命运却截然不同。嵇康被杀，阮籍却得以终老，为什么呢？就是因为前者口无遮拦，得罪了很多人，这些人一旦掌权，必然处心积虑地置他于死地；而阮籍懂得"口不臧否人物"，虽也放浪不羁，却得以终老。

祸从口出，人情世故的是是非非多在说话中演绎。头脑要做人的主人，嘴巴要做人的客人。正所谓：悟性通天的人，说出话来很微妙；智慧高超的人，说出话来很简明；品行贤能的人，说出话来很清楚；芸芸众生，说出话来很繁杂；品德较差的人，说出话来很狂妄。 人在高兴状态下，容易轻许诺言；人在醉酒状态下，容易胡言乱语；人在愤怒状态下，容易恶语相加；人在忧郁状态下，容易消极弱言；人在紧张状态下，容易语无伦次……

坦率并不意味着什么都要直说，有时，说话太直可能会给人招来很多祸患，切记"祸从口出"。

社会上有人唯恐天下不乱，把别人的短处和隐私、人际间的是是非非编排得有声有色，夸大其词，逢人就说，殊不知，这会得罪多少人。

如果遇到这样的人说某某人的短处时，我们姑且听听，不必在意，一定要三缄其口，不可做传声筒，不可信以为真，更不必记在心上。 如果贸然把听到的片面之言宣扬出去，十有八九会招致祸患。 说出的话就像泼出去的水，是收不回来的。

小李是个话匣子，话在嘴边不吐不快。于是，只要遇见观点相同的人，就会一颗心全捧出，将秘密全数告知对方。正是为此，他没少栽跟头，付出的代价也是惨重的。

有一段时间，他的工作比较清闲，便与同事们闲聊。刚开始，他只是天南海北，天马行空，聊来聊去似乎就对对方放松了警惕，把"逢人只说三分话，未可全抛一片心"抛到脑后去了。他认为，自己与同事们的关系都比较好，没必要处处提防着。有一天，同事刚刚说起一件事，他就跟着把自己不久前听到的一个消息说了出来，说过之后，他也没往心里去。不久，领导就找他谈话，说是由于工作需要，要调动岗位，还说他工作能力强，此职位非他莫属。

他不知是计，满心欢喜地去了。可是，等他走后不久，有人打电话告诉他，这只是个阴谋而已，等他走了再找他的碴儿，然后再找借口把他调离原单位。他不相信，那位同事又提醒了一句：你得小心你的那张嘴，祸从口出，即使是最信任的朋友也不能口无遮拦。

在现实社会中，因利益纠葛，到处都有竞争，而且"易退易涨山溪水，易反易覆小人心"，处处都充满了陷阱。君子在明，小人在暗，说话稍有不慎，就有被套进去的危险。"逢人只说三分话"并非奸诈，而是一种修养，避免不必要的是非。说话要看对方是什么人，面对小人，你说三分真话，已经不少了。

孔子曰："不得其人言，谓之失言。"面对不太了解的人，你畅所欲言，图快一时，对方的反应如何呢？你自说自话，对方愿意听吗？彼此关系疏浅，你与之深谈，并没有必要；你不是他的诤友，若与他深谈，忠言逆耳，只能显出你的冒昧；不知对方的原则，你偏高谈阔论，轻言更是招祸啊！

所以说，逢人只说三分话，不是不可说，只因没有说的必要！

PART 05

说话有误区，把话说好要克服坏习惯

避免表意不明
而引发歧义

人之所以说话就是为了让别人能听懂自己，理解自己。
一个人开口说话，让人清楚明白是最基本的要求，一个人在说
话的时候，语言不准确或者意思表达不清楚，就不能反映自己
的真实想法，听者也就不能理解和接受，不仅给自己带来很多
的麻烦，甚至还会引起无法解释的误会。

"二战"期间，由于德军经常空袭伦敦，所以英国空
军经常处在高度警惕的状态。在一个浓雾弥漫的日子，一
架来历不明的飞机出现在伦敦的上空，英国战斗机立即升
空迎击，到飞临对方时，才发现这是一架中立国的民航机。
战斗机立即报告给了地面指挥部，请求指示。地面指
挥部回答："别管它。"英国战斗机在接到命令后就打落了
这架民航机。后来，英国为此支付了一笔巨额赔偿才了事。
在这一事件中，指挥人员和战斗机驾驶员都有不可
推卸的责任。首先是地面指挥部，"别管它"这句话表述

不明有歧义。这既可以理解为"别干涉它，任它飞行"，也可以理解为"甭管它是什么飞机，打下来再说"。其次是战斗机驾驶员，当指挥部用这样的命令来要求自己时，他应该再次请示，然后再采取行动，这样就不致铸成大错了。

在遇到这种存在歧义的言辞时，要仔细问清楚，再做处理，否则歧义的言辞会成为与人沟通的障碍，甚至会得罪人。例如，人员流动对一家公司来说很平常，对一个高明的部门主管来说，当有人走了以后，他要善于使用有影响力的语言稳住留下来的人。

一个部门经理手底下有六个职员。有一天，两名职员提出辞职，这位经理感到很不安，他对留下来的四名职员说："那些精明能干的人都走了，看来我们的将来命运未卜啊！"显然，留下的四个职员心理受到伤害，使部门的气氛更加紧张。

也许这位部门经理对留下来的四名职员并无贬低之意，但他那不准确的表达方式给留下的四个职员心里留下了阴影，在日后的工作中，他们肯定会产生对抗情绪。

准确的说话能准确流利地表达自己的意图，把道理说得很清楚，使别人乐意接受。当然，说话也要尽量做到通俗易懂，那将使你拥有更多听众。但无论如何，准确的表达能避免不必要的误会。

◇ 好好说话，精准表达 ◇

表意明确，避免歧义

说话要尽量准确地表达自己的意图，避免不必要的误会。

避谈是非，远离八卦

不要参与八卦新闻的制造活动，也不要听别人跟你散布流言。

委婉批评，就事论事

批评应该建立在事实依据之上，切勿借题发挥、夸大其词地批评他人。

切忌粗俗无礼，
不知所谓

人们常说，在这个社会有"礼"走遍天下，无"礼"寸步难行。一个人说话的态度，可以凸显其受教育的程度。如果一个人谈吐有礼，不但说明他受过良好教育，还能显出他的高雅气质，在与人交谈时，倾听者才会对有礼者相当尊重。人们办事免不了以"礼"感谢，送礼的时候也要注意遵守礼貌。

然而，在现实生活中，很多人都忽略了礼仪，要么张口闭口不离脏字，要么提问、回答毫不客气，要么反驳别人时大声叫嚷，这些做法都显得自己很没有教养。

古时候，一位年轻人骑马赶路，见路边有位老人，他便在马上高声喊道："喂！老头儿，这里离客店还有多远？"老汉回答："五里！"年轻人策马扬鞭，结果一口气跑了十多里，仍不见人烟。他暗自埋怨老人在骗自己。他一边想，一边自言自语："五里，五里，什么五里！"猛然，他醒悟过来了，才发现老人家是在用"无礼"和

"五里"的谐音骂自己呢！于是掉转马头往回赶。见到那位老人，他急忙翻身下马，亲热地叫起了"老大爷"，话没说完，老人便说："你已经把客店错过了，路途遥远，要不嫌弃，就在我家将就一晚吧。"

这是一则流传很广的故事，也告诉我们礼貌在人际交往中的重要性。为人处世中粗俗的言行和得体的礼貌会得到截然不同的结果。

和别人打交道，总是以称呼开头，这不仅是见面礼，还是出入交往大门的通行证。称呼得体，可使对方感到亲切，交往便有了良好的基础；称呼不得体，往往会引起对方的不快甚至愠怒，不仅让对方陷入尴尬的境地，还让交往受阻。

上述案例中所反映的问题在日常谈话中同样适用。例如，朋友交谈、出席宴会、参加面试等种种情况，只要一开口，你都能用正确、合适和礼貌的言语回答别人或参与讨论，那么你要相信周围的人都会被你的魅力折服，对你刮目相看。

不要吐出
没有风度的言辞

风度是一个人涵养的外在表现，一个有涵养的人说话往往很有风度。 一个说话有风度的人，会令人仰慕不已、倾心无比。 正如德国戏剧家莱辛所说："风度再现了美。"

孔子说："文质彬彬，然后君子。"外在的语言加上内在气质成就了一个人的风度。 首先，风度是一种品格和教养的体现。 一个没有高尚的道德情操、文化修养、优雅情趣的人，其说话必然是粗俗鄙陋、琐碎不雅的。 其次，风度是一种性格特征的表现。 比如性格温柔宽容、沉静多思的人，再浓烈的感情用寥寥几句轻声细语就能化解；而粗犷豪放、性情耿直者，则说话开门见山、直来直去。 再次，良好的风度表现出好的内在涵养。 这主要表现在处理人际关系时，为人要不卑不亢，雍容大度。 最后，一个人的风度综合表现了他的遣词造句、语气腔调、手势表情等。 如法官在法庭说话时，往往会正襟危坐、不苟言笑、咬文嚼字、逻辑缜密。

说话的风度很多种。 洋洋洒洒、侃侃而谈是风度，只言片语、适时而发也是风度，谈笑风生、神采飞扬是风度；温文尔雅、含而不露也是风度；解疑答难、沉吟再三是风度；话题飞转、应对如流也是风度；轻声慢语、彬彬有礼是风度，慷慨陈词、英风豪气也是风度。要培养符合自己的风度，应根据自己的性格特征、情趣爱好、思维能力、知识结构等有所选择。另外，在不同的场合环境中即便是同一个人，其说话的风度也是有所不同的。比如，在课堂上和家里闲聊时的教师，就会表现出两种截然不同的风度。

我们反对脱离时代追求风度，同样，一味地讲究风度脱离自己个性也是不可取的。任何东施效颦、搔首弄姿、没有个性的说话都毫无风度可言。

可见，谈话的高度和延续程度也取决于风度。跟一个完全没有风度的人说话，就正应了"话不投机半句多"的老话。所以，良好的谈吐风度对每个人来说都有重要意义。

控制音量语速，
避免无章法问答

　　说话是一门艺术，一段话出自演讲家的口中和出自一个没有文化人的口中，听众听后的感觉是不一样的。 因为演讲家懂得用最适当的语速、最优美的声调、最清晰的语音来吸引听众。

　　一个真正会说话的人，不仅要把自己的言辞修饰好，还要锤炼自己的表达方式。 大凡能够吸引人的对话或演讲，通常都是充满着智慧和活力的，而这一切都取决于说话者的表达能力。 所以，优美而富有活力的声音，可以使人对你产生极美好的幻觉，它能在你疲倦时让别人感到你仍然"精力旺盛"，即便你是 70 岁的老年人，别人也会觉得你年轻。

　　声音的质感是天生的，如果没有天生的优美音质，你也一定要学会如何让语言抑扬顿挫。 好的断句能产生美妙的感觉。

　　只凭借声音优美、停顿有力往往是不够的，我们还要把握好说话时的音量。 什么情境该用多大的声音说话，吐字清不清晰，对我们的语言是否能感染别人都会有影响。

一次在某全国性会议上，与会者对电影票的发放问题很不满。有几个人怒气冲冲地来到会务组兴师问罪。会务组组长擅长在语言方面打心理战，他向对方解释时的声音越来越小，嘴巴也越来越靠近对方的耳朵，最后竟成了两个人在说悄悄话。对方的脸色也由阴转多云，多云转晴。最后，组长拍拍对方的肩膀，亲热地说了句"明白了吧?"起身微笑着告辞了。事后，有人询问组长："组长，您跟他说了些什么，这么见效?"组长的回答令人大吃一惊："其实我什么也没说!""那对方为什么消了怒气呢?""我跟他说话的方式使他消了气。"

中国有句俗话：有理不在声高。即使你天生大嗓门，说话也要尽量降低自己的音量，每个人的耳朵都有一定的承受能力，一般人都不喜欢别人打雷似的说话。倘若你是因为气愤而大声怒吼，别人不会因为你声音高而惧怕你；如果你很有礼貌地说话，反而会使对方感到自己有失风度。

说话的艺术不仅有趣，而且很难掌握，如果你能够尽数掌握这些本领，相信什么难以开口的语言，从你口中出来都会是一篇优美的文章。

把握好说话轻重的分寸，
不可太露骨

事情有缓急，说话有轻重。有些人在日常交际中，考虑问题缺乏理智，说话更是张口就来没轻没重，完全不计后果，以致说了一些既伤害他人、也不利自己的话。其实，把话说得有轻有重，并非人们想象的那么难。只要将心比心，说话时站在对方的角度考虑，就知道自己所说的话有多大分量。

在规劝或批评别人的时候，拿捏好轻重是非常重要的。谁都知道"人非圣贤，孰能无过"。所以，对于别人的缺失，不必说得太露骨，稍微暗示一下对方，或者旁敲侧击地提醒，做到点到为止，对方就会对你的善意规劝表示好感。

宋朝益州的张咏，听说寇准当上了宰相，对其部下说："寇公奇才，惜学术不足尔。"多年前两人就是好朋友，他很想找个机会劝劝老朋友多读些书。

恰巧时隔不久，寇准因事来到陕西，碰上卸任的张咏。老友相会，格外高兴。临分手时，寇准问张咏："何以教准?"这点张咏早就想好了,想要寇准多读书。可是仔细一琢磨,寇准已是堂堂宰相,居一人之下,万人之上,直截了当地说又怕寇准不好接受?

张咏略微沉吟了一下,慢条斯理地说了一句:"《霍光传》不可不读。"寇准一回到家就立马找出《汉书·霍光传》,从头仔细阅读,当他读到"光不学无术,阉于大理"时,恍然大悟,自言自语地说:"此张公谓我矣!"是啊,想当年霍光位及大司马、大将军,地位相当于宋朝的宰相,仗着扶助汉朝立下的功,居功自傲,不好学习,不明事理。这与寇准有某些相似之处。寇准读了《霍光传》,明白了张咏的用意。

虽说两人以前是至交,但如今的寇准已经位居宰相,直截了当地说不一定合适。在这种情况下,张咏的一句"《霍光传》不可不读"可以说是绝妙的,此一言胜过千言万语。而张咏通过让寇准去读《霍光传》这个委婉的方式,使寇准愉快地接受了自己的建议。

奉劝别人的话并不是随口说出来的,我们必须选择更容易被别人接受的方式把话说出来。对于那些有自知之明的人,最好采用暗示的方式,因为这样做就可以达到劝说的目的了,既不用把话说明,还不会给别人带来伤害。

克服
卑怯的心理

第一，从生理的角度进行心理调节。 生理和心理是相互制约、相辅相成的。 心理的变化会引起生理的相应变化，生理的调节也会对心理产生影响。 当人怯懦时要注意从生理上调节，往往能取得良好效果，比如通过深呼吸、搓手、舒展四肢、走动、洗涮等方式，这些方法都可以有效地舒缓人的不良情绪。

第二，以心理暗示进行心理放松。 治疗心病最直接也是最有效的方法就是心理方法。 心理卑怯现象是心理夸张性感受所致，必须达到让心理感受重新归位这一要求。 需要采用心理暗示的方式，对别人要客观正确，对自己则要准确公正，这样就能保持清醒，树立信心。 如当别人说话显示出我们没有的优势时，我们可做这样的暗示：这是他的优势所在，同样我也有他没有的优势。

第三，加强对对方的认识，提高自信心。 说话时过于卑怯归根结底是由过高地评估对方引起的。 过高地评价对方，悲观地评价双方的关系，从而看轻了自己，产生距离意识和崇拜意念，此时既卑且怯，也就自然而然了。我们要加强对对方的认识，评估对方要实事求是，不能过低评价对方，更不要神化对方，要还其本来面目，把他看作一个平常人。谈话者的地位是平等的，双方的发言也是遵循民主法则的，不要人为把双方地位拉开。正确认识自我，摆正自己位置，提高自信心，这样还会有卑怯心理吗？

第四，克服表现欲望，注重表达效果。有时说话卑怯并不是由看不起自己引起的，而是极强的表现欲望造成的。说话之初一心想着一鸣惊人，压倒他人，当发现别人口才卓绝、见解精到时，会因为遭遇打击而产生失落感、挫折感。对此，要锻炼自然的说话心态，能将自己的意思完整地表达出来就算成功，不要期望值太高。心态平稳，卑怯意识也就淡化乃至消失了。

PART 06

人生难免遇窘境，会说话才能不尴尬

遭遇尴尬时
故说"痴"话

我们在不同的场合都免不了会遭遇尴尬。对于不同形式的尴尬，我们要采取不同的方式应对。用语言应对的一种很好方式，就是佯装不知，答非所问，就像没发生过一样。

有这样一个例子：

一次聚会，小玲破天荒地穿了高跟鞋和超短裙，还化了比较浓的妆。朋友们见到她这样的打扮，一片惊呼，自然而然地，她成了聚会的焦点之一。但是年轻人的聚会当然少不了蹦迪。高跟鞋和超短裙肯定是不利于蹦迪的，何况小玲还是第一回穿呢。开始她不愿意下舞池，经不住朋友的热情劝说，她勉强蹦了一会，谁知却出了问题，一只鞋跟折断了，短裙也不小心撑裂了，只能装作什么事也没发生，一瘸一拐地回到了座位上。

有女同学看见了专门跑过来关心她，她回答说脚扭了。女孩关心地弯下腰去看。"啊，你的鞋跟断了。真是的，怎么这么倒霉啊。哇，你的裙子怎么……好了，别介意，都是朋友，没人会笑话你的，我也会给你保密的。你就在这儿坐着好了，待会儿结束了我陪你回家。"说着又下了舞池，小玲沮丧地坐在那里。

一曲终了，大家都下场来，看到有个男孩坐到自己对面，小玲脸上红一阵白一阵，生怕被他发现了，赶忙说脚有点不舒服，还伸出没有断鞋跟的那只脚。男孩并不看她的"伤势"，只是叫了两杯饮料，说："蹦迪很累吧，你平时看起来挺文弱的，一定不适应这种运动。这种激烈运动连我都浑身湿透，你肯定更累吧。以后多锻炼锻炼，配上这身漂亮的衣服，那效果肯定超棒！"

两个人聊了半天，男孩始终没有提起她的"伤"。男孩早就看出了小玲的尴尬，为了不让小玲太尴尬，装作不知道，让小玲长长地舒了一口气。

这位男孩就是巧妙运用了"佯装不知"的技巧，避免了尴尬。

谈吐有趣，
在笑声中摆脱窘境

在日常生活中，常常会因为一时不慎而身陷窘境，或是别人提出的一些过分的请求，或是别人的问题让我们无法回答，或是我们根本就不会。此时，我们如果直接表明"不满意""不可能"或"无可奉告""不知道"，往往会给彼此带来不快，借用幽默可以让我们从窘境中摆脱出来。

有一次，英国议员里德的演讲接近尾声，听众都望着他，认真倾听着他的演讲，但就在这时候，有个人因为椅子腿断了摔倒在地。要不是里德善于应变，恐怕当时的局面会对演讲产生一种破坏性的影响，但是聪明的里德马上说："各位现在一定可以相信，我提出的理由足以压倒别人。"就这样，他将听众的注意力引到自己身上，而那个摔倒的人也在别人善意的笑声中，找到了一个新座位。

这个故事给予我们的启迪是：恰到好处的幽默能够使双方

都从窘迫的情形中脱身而出。 正是通过这一手段，里德轻松化解了演讲中的尴尬局面。

当别人的提问我们不好回答，而又不能以"无可奉告"进行简单的说明时，不妨找一个笑话来转移大家的注意力。

1972 年，在美苏最高级会谈前的一次记者招待会上，有人问基辛格什么是"程序性问题"，"到时，你是打算点点滴滴地宣布呢，还是倾盆大雨地、成批地发表协定呢?"

基辛格沉着地回答："你们看，不论是选倾盆大雨还是点点滴滴，总是坏透了。"他略微停顿了一下，接着一字一句地说，"我们打算点点滴滴地发表成批的声明。"这样棘手的一个问题就在一片笑声中被基辛格解决了。

生活离不开交流，交流中产生对立是在所难免的，一旦身处窘境，面对无礼要求或自己做不到的事情，就像站在悬崖上，前面是深渊，后面是追兵。 此时我们需要精通婉言拒绝的说话方式，而灵活的头脑和幽默的谈吐可以让我们突生翅膀，顺利摆脱进退维谷的境地。

◇ 自我解嘲，娱人娱己 ◇

自嘲是故意贬低自己、抬高别人。这正是君子所为。

以取笑自己引起他人开怀一笑，会让人喜欢你，甚至敬佩你。

主动说出自己的缺点，说明你有乐观积极的心态，能受到大家的欢迎。

用"开涮法"
解决冷场

许多场合中，或许是因为个性腼腆，或许是因为了解不够，一时找不到共同话题，交往中有时出现了"冷场"的情形。

交流中最尴尬的局面要数无话可说了，交谈一下子停止了。无话可说有时候是因为一方对另一方说的话题根本不感兴趣；有时也会因为一方对对方意思的理解出现了偏差；有时候是因为我们缺乏在某些特殊情景下的沟通技巧；有时候也会因为你的话不小心触及别人的敏感话题，而造成别人的不愉快，导致交谈无法继续下去。无论出于什么原因，都可能会让你焦虑。良好的沟通需要双方相互配合，在适当的时候扮演发送信息和接收信息的角色，就像跳探戈时需要两个人完美的配合。

"一个巴掌拍不响"，交流中一旦出现冷场的局面，打破僵局就需要两人的共同配合。交流是两个人的事情，所以你不能指望对方为交流负起全部责任。因此，当出现冷场或者尴尬的时候，要沉着，寻找双方的共同话题，要主动出击，不要被动地等对方来解决。

雁翎曾经有过一次痛苦的爱情经历，她如痴如醉地爱着那个男人，可是，对方却脚踏几条船，最终抛弃她跟别的女孩子浪漫去了。

一次，雁翎与第二位男朋友肖遥约会时，肖遥问她："有的人认为在感情中要普遍撒网重点捞鱼，对此你怎么看？"没想到他话一出口，雁翎不但没搭理他，脸色还变得很难看。肖遥觉察到这个话题是情人不愿意提及的，赶紧补充道："啊，请别误会，我想给你讲一个讽刺爱情不忠的故事，故事是说有一个对太太不忠的男人，经常趁太太不在家把情妇带回家过夜，但又时常担心太太会发觉。所以，有一天晚上，他突然从梦中惊醒，边推太太边说：'快起来走吧，我太太回来了。'等意识到旁边睡着的是自己的太太，他一下子傻眼了。"肖遥话音刚落，雁翎已被他的幽默故事逗得喜笑颜开。

在这里肖遥巧妙地用"开涮法"避开敏感话题，转移了谈话方向，然后用幽默的感染力把雁翎不快的情绪冲淡了，从而巧妙地把可能出现的"冷场"过渡过去，赢得了心上人的开心一笑。

面对无理取闹，
不可针锋相对

　　张林和婆婆一直住在一栋老房子里相依为命，和楼下的林女士家也一直相安无事。在林女士的丈夫因车祸不幸去世后，张林家突然就成了林女士发泄的对象，林女士有事没事就跑到张林家大吵大闹，认为张林家太吵才会导致自己丈夫去世。到了晚上，林女士就用木棒使劲敲打自家的天花板，能够好好休息简直成了张林和婆婆的奢望。张林本来对这些事情感到很气愤，准备去找林女士理论一番，可是一想到林女士心情烦躁无理取闹也是因为丈夫刚刚过世，所以张林也就忍了。但是，林女士并没有因为张林的忍让而收敛，反而愈加变本加厉地制造麻烦。有一天，张婆婆要去市场买菜，林女士在张婆婆经过自己家门口的时候突然把她拉住，不让她过去，嘴里还骂骂咧咧。后来林女士推了张婆婆一把，使张婆婆跌倒受伤。邻居见到以后，都劝张林报警，因为周围的人也对林女士的所作所为十分不满。张林虽然十分生气，但是她不想把事情闹大闹僵，所以她警告林女士不要再无理取闹，如果再这样下去，她就会报警！经过这次事件以后，林女士也慢慢地不再恣意妄为。

在工作生活中，像林女士这样无理取闹的人并不少见。制造麻烦是家常便饭，他们还时常让人有一种"秀才遇到兵，有理说不清"的感觉。面对他们的无理取闹，针锋相对并不能解决问题，反而会让其变本加厉。这时候保持风度是最好的选择。张林面对林女士的无理取闹，一直都抱有理解的态度，有礼谦让。后来，张林也没有像邻居建议的那样选择报警，而是自己私下里给林女士一个警告，使林女士的面子得以保全。

不要
哪壶不开提哪壶

交谈中，我们要注意避免容易引发争论的问题，即使你对这个话题有坚定不移的立场，最好也不要提起，因为敌对心理往往就是由争论引起的，争执双方很快会陷入"竞争状态"，唇枪舌剑，互不相让。用温和的方式来回应敌对者的攻击是很难办到的，所以如果不想让善意的讨论演变成激辩，就不要"踩地雷"。

其实，开启两个人的沟通之门并不难。只要找出双方都感兴趣的话题就行了。你需要留意对方是否对你的话题感兴趣，如果不感兴趣，切勿尖刻、偏执地讨论这个话题，而是应该另选话题。辩论会成为一个开心的游戏，仅限于两个参与者头脑冷静、谈话富于技巧的情况，可对于容易冲动和脾气不好的人却是一件危险的事。

言语的失误经常发生在人们的交谈中："哎，你儿子的脚跛得越来越厉害了！""你什么时候才能结婚啊？""你真的要离婚吗？"等等，你无情地揭露了他人的隐私和隐痛，实在是不够理智的。 如果你想成为讨人喜欢的人，就不要对跛子谈跳舞的好处和乐趣，在一个自立奋发的人面前谈论祖荫的好处只会招人嫌，无故嘲笑和讽刺别人是非常不明智的行为，尤其是对于别人无能为力的缺陷。 此外，除非是熟识的亲友，健康问题也不是一个适合长谈的话题。 他若身有不适，很可能勾起他的愁绪，而你又未必会对他关于自己疾病和痛苦的抱怨感兴趣。 但你若没表露出足够的同情心，则会使对方觉得你冷漠、自私。 既然如此，不如不谈这些让人扫兴的事情。

　　一般说来，避免在话题中批评别人也是需要注意的，同时应该适时称赞别人所做的工作和别人的能力，这常会使听者感到愉快。

避免与别人
话不投机

如果两人相见，话不投机怎么办？这时可以把"话不投机"的状况当作提升会话能力的机会。有一种人，当他和某人在一起时，总是有说不完的话，但是面对另一个人时却"沉默是金"，这是为什么呢？

俗语说："酒逢知己千杯少，话不投机半句多。"有些朋友只要觉得对方和自己话不投机，就不愿参与谈话，也不提出话题，而且从心底里拒绝接受对方的意见，但是一个有教养的人是不会这么做的。培养自己的会话能力，除了增添会话的场合与次数以外，能与各式各样的人自由交谈也很重要。你或许会发现自己对某个人有很深的成见，只要面对他就产生一种厌恶感。这时，你不要逃避，而应该抓住训练会话技巧的绝佳机会积极主动地进行交谈。你可以选择一些比较轻松的话题跟他谈，例如电影、音乐，通过这些交谈，可以更加了解对方，从而促进双方的感情。经过几次交谈后，或许你就会发觉："哦！原来他不是一个那么令人讨厌的人！"有可能一对很谈得来的朋友就这么诞生了。

日本影评家淀川长治曾说："令我讨厌的人从不存在。"这是一句了不起的名言，如果和自己讨厌的人也能进行愉快的交谈，你一定会变得很有人缘，还能提高会话技巧，这种一举两得的事，何乐而不为呢？而如果一次话不投机就放弃了深入了解的机会，也许你会得不偿失。记住，给彼此一个机会，或许你就能收获一个知心的朋友。

PART 07

来点幽默，让你的话更有感染力

审时取题，
以新奇制胜

语言表达的意思本来是一样的，但是如果换一种说法，效果就大不相同。同样的话，不同人说，最后的效果也不一样。

言语的表达方式有很多种，有些人说的话能让人接受，而有些人说的话却不能让别人接受，从而带来不同的结果。

清乾隆年间，礼部尚书、大学士纪晓岚思维敏捷，言谈充满智慧，不中听的话往往从他口中说出后，不仅能让人接受，还能起到意想不到的效果，这不仅在朝堂上能够让他直抒胸臆，在朝下他的言辞智慧也帮了他很大的忙。

纪晓岚，体态肥胖，特别怕热，每到夏日，他就汗流浃背，衣衫全部湿透。夏天时节，他去南书房值班时，每次出来到侍臣的休息住宿处，他都要脱光衣服，赤膊纳凉，等汗干了才出来继续办公。乾隆皇帝从南书房的太监口中听说纪晓岚的这种情况，觉得十分有趣，想到自己平时在朝堂上时时被纪晓岚噎得哑口无言却又无可奈何，于是决定借此机会戏弄他一番。

一天，纪晓岚与几位同僚在书房里赤膊谈笑。忽然间，乾隆走出内宫，同僚们远远看见后，都慌忙披上衣衫，唯独纪晓岚因为眼睛近视，直到乾隆皇帝走到他面前时才发觉，可是此时已经来不及穿衣，于是他急忙躲在桌子底下，喘着气，动也不敢动。乾隆皇帝明知纪晓岚在桌子底下，但是为了戏弄纪晓岚，皇上坐了两个小时，既不说话也不流露出要走的意思。

三伏天实在酷暑难耐，纪晓岚没法忍耐，便伸出头来向外窥探，问其他大臣："老头子走了吗？"乾隆皇帝听了不觉发笑，大臣们也跟着笑。乾隆皇帝说："纪晓岚无礼，如何能口出这般轻薄之语？你赶紧出来，如果你有说法则可以赦免，没有说法，就领死吧。"纪晓岚在桌子底下说："臣没穿衣服。"乾隆皇帝就吩咐太监帮他把官服穿好。

纪晓岚从桌子底下爬出来，穿好衣服跪倒在地上，乾隆再一次用严厉的口气问，"老头子"三字到底怎么解释？！纪晓岚从容地摘下顶戴花翎，磕了一个头，说道："皇上万寿无疆，这就叫作'老'；皇上顶天立地，至高无上，这就叫作'头'；天父与地母是皇上的父母，故而叫'子'。"皇帝听完，非但没有生气，反而龙颜大悦，满心欢喜，而纪晓岚也成功"脱险"。

"老头子"这三个字，在大多数场合下，都不是令人愉悦的称呼，但是这三个字经过纪晓岚的解读和演绎，却能让人听了心生欢喜、心悦诚服。可见同样的话，不同的说法会有很大的不同。一句话能把人说笑，一句话也能把人说恼，而这样的后果全取决于我们说话的方式。

　　而说话方式的决定因素一方面和我们自身的条件有关，比如一个人的阅历、学识等，另一方面就是看问题的角度，同样的事情经过不同角度的观察就会让我们产生不同的表达方式，我们要找准角度，找到最好的表达方式，解决问题。

　　某公司为了奖励部门员工，制订了一项东南亚旅游的福利计划，名额限定为5人。可是这个部门一共有7名员工，谁都不想做那不去的两个人，这该怎么办呢？部门经理思来想去，觉得与其从7个人里挑出两个人不去，还不如再向上级领导申请两个名额，那样就皆大欢喜了。

　　同样是申请增加名额这件事，不同的说法会导致不同的效果。怎么跟上级领导申请，是一个很大的学问。

　　如果只顾着把自己的想法表达出来，而忽视了上级领导的内心想法，直接向上级领导说："总经理，我们部门总共7个人，可只有5个名额，就剩两个人，您说谁去、谁不去啊！再给两个名额可以吗？"

　　如果部门经理这么说，那么总经理就很有可能说："你筛选一下定一下不就完了吗？公司拿出5个名额本来就是奖励大家的，不是人人都能去的，你作为一个部门经理，怎么不多为公司考虑？得寸进尺，要是不让你们去旅游，谁都没意见了。我看这样吧，你们其中有两个领导姿态高一点，下一回再去，你看这样行不行？"

这样直接和领导沟通，不但没有达到理想要求，还会让领导对你产生偏见，认为你没有才能，连这点小事都解决不了。

但是如果去找总经理时换一种说法，也许会得到不同的结果："总经理，大家今天听说去旅游，非常高兴，觉得公司越来越重视员工了，大家真是太感动了。这是公司给大家的惊喜，不知道当初是怎样想出这个好办法的呢？"

总经理听到这样的恭维肯定会很舒心，他会说："真的是想给大家一个惊喜，这一年公司效益不错，是大家的功劳，考虑到大家辛苦一年，第一，是该轻松轻松了；第二，放松后，工作起来才会有更好的效果；第三，通过这次活动，可以增加公司的凝聚力。大家玩高兴了，也就达到了我们的目的。"

这时部门经理可以见缝插针地说："也许是计划太好了，大家都在争这5个名额。"

总经理也许会说："当时决定5个名额是因为你们部门有几个人工作不够积极。你们评选一下，不够格的就不安排了，对他们来说，算是一个提醒吧。"

这个时候，部门经理可以委婉地说："其实我也同意您的想法，有几个人与其他人比起来是不够积极，不过可能在生活中有一些影响他们的原因，这与我们对他们缺乏了解、没有及时调整都有关系。责任在我，如果不让他们去，对他们打击会不会太大？如果这种消极因素传播开来，影响不太好吧？公司花了这么多钱，如果只是因为这两个名额而降低的效果，恐怕太可惜了。"

如果能这样跟领导沟通，结果肯定会跟第一种沟通方式大不一样，因为你说得至情至理，而且是处处为公司考虑，而非为了自己在部门中的面子考虑，领导肯定会看到这一点。

调整自己的语言，让自己语言变得被别人"爱听"，从而更好地表达自己，看问题从多个角度出发，从不同的角度说出自己心中所想，能让我们的沟通更有成效。

调侃他人，
把握分寸更应景

无论在生活中，还是在工作中，我们都不会否认幽默的作用。 幽默像润滑剂一般，可以调和人和人之间原本生涩的关系，也可以化解尴尬，让事情顺利进行下去。

但是幽默要分场合，分轻重，分人物与时机，开玩笑也不是随口就说的，也要分场合，分人物，看准时机，不然就会适得其反。

与不熟悉的人在一起时，可以观察他们的性格。 有些人是天生不喜欢开玩笑的，他们生性严肃，不喜欢嘻嘻哈哈，而有些人性格开朗，喜欢开玩笑。 所以，幽默要因时因人而定，也讲究天时地利人和，这几项都符合了，才能发挥幽默的积极作用。

掌握幽默的天时地利，简单来说，就是要把握幽默的分寸和场景。

当你面对领导时，掌握幽默或者玩笑的分寸，尤为重要。恰到好处的幽默和玩笑的话语可以拉近你和领导的距离，增强你和领导之间的谈话气氛，为自己博得好感。但如果运用了不恰当的幽默或者开了过分的玩笑，那就会给领导造成难堪，会造成下属和领导之间关系的僵化，严重的甚至还会令领导对你产生厌恶之情，你的职场之路也会步履维艰。

公司里，经理随性惯了，早上来上班的时候总是忘记刮胡子。而职员小王平日里说话比较随便，想到什么说什么。

这天，小王看到经理又忘了刮胡子，想着要和经理拉近距离，就随口说道："经理，你身上最锋利的是什么东西？"

经理愣了一下，掏出兜里的水果刀说："我看是我身上的这把水果刀。"

小王摇摇头说："经理，我看不见得，应该是你的胡子。"

经理十分不解："为什么？"

小王笑着说道："因为它的穿透力非常强嘛。"

而这句话的潜台词是："经理，你的脸皮真厚。"

经理听到小王的这句话，脸色一变，甩头走了。

从此，经理逐渐冷落了小王，有什么好事情也轮不到小王了。小王为他随口说出来的话付出了沉重的代价。

诚然，小王没什么恶意，只是开玩笑想和领导套近乎而已，但不是每个人都能理解自己的幽默，一句随意示好的调侃，在别人听来，可能就是让他尴尬的话语。

由此可见，不恰当的幽默或者过分的调侃会使别人处于难堪之中。如果对方本来就心胸宽大，爱开玩笑，那就无妨，但是如果对方是一个严肃而较真的人，或者像故事中的小王一样，是下属对领导说了不恰当的幽默，那么，不但达不到联络感情、调节气氛的效果，反而会无意中伤害对方的自尊，有损对方的身份和权威。

一位经理对秘书说："我需要这份进度报表的五份复印本，马上就要。"

这位秘书按下复印机的按钮，这时，复印机出了故障，一下子出来了25份复印本。

"我不要25份。"经理大声说。

于是这位秘书笑着说："对不起，经理，不过这复印机也通人性了，知道您着急！"

经理听完后，他俩爆出一阵笑声。

这位秘书以幽默的话语来缓解紧张的气氛，并且达到了不损坏领导威严的形象和开玩笑之前的平衡。可见，恰到好处的幽默确实功用很大，它能帮助你在和领导沟通时缓和工作失误带来的影响、调节气氛，也能让领导看到你机智的一面。

那么，我们如何做到分清场合，适当表达幽默，适当调侃呢？

一个乐观自信的人，往往是一个有品位、有胸襟的人，不然他的自信乐观也无从而来，在这种情况下，他的幽默感便具有活力与吸引力，是具有营养的。反之，若是品行不端，拿肉麻当有趣的人，他们开的玩笑除了惹人憎恶，也就没有其他的特点。

在表现幽默口才时，如果把握不好幽默的尺度和界限，单纯以说笑而说笑，那就必将对自己的形象和自己在别人心目中的分量以及两个人的关系产生不利的影响。

要避免这一情况的发生，我们需要特别注意的是，讲述幽默或者调侃时切不可挖苦嘲笑讽刺对方，也不能用模仿别人不好的动作或者说话语气来取笑，这些已经不是开玩笑了，这样的行为，绝对可以称得上是没教养、没素质的行为！同时幽默的语言是精练而机智的，唠叨不停或者调笑他人的语言，虽然不如上一种情况那样是没教养的，但是也不会对自己的形象或者当时交谈的气氛带来多大益处。

知道要避免以上两种情况之后，那么我们要主动做些什么，才能让自己的幽默和调侃适时适度呢？

首先，表现幽默口才时应注意到听者的特征。要注意听者的性别、身份、地位、教育背景等。比如，在比较胖或者比较矮的人面前，就不太适合拿身高体重来开玩笑。

其次，要判断对方的承受能力。如果是在外向的人面前，那么随意一些、尺度大一些，都是可以接受的；但是如果是在内向的人面前，你的玩笑话可能就会被他误会，听岔意思，最后适得其反。

最后，我们也要时时记住，我们对自己比任何人对自己都要宽容。这就是有时候我们觉得没什么的调侃和笑话会惹怒到别人的原因。

只要时刻铭记我们在幽默和调侃中绝对不能做的事情，并且能够察言观色，考虑其他人的感受，那么相信我们都能恰如其分地说出幽默的话语，开出无伤大雅的玩笑，从而让自己无论是在生活中还是在工作中，都能游刃有余，多一些欢声笑语，少一些矛盾和误伤。

把握
幽默运用的"度"

幽默的人生，将是乐趣无穷的人生。 学会幽默和善于运用幽默，会让我们的工作、生活更为丰富和快乐。

但是，使用幽默要根据具体情况酌情使用，同样幽默的话语不是对任何人都会起到同样的效果，对于长辈、女性、不熟悉的人，一定要慎用幽默。 注意使用幽默的"度"，一旦幽默过了头，很可能会被对方误解为你在取笑或者讥讽他，这会造成双方关系的不和。

幽默在人际交往的过程中是一种润滑剂，对我们人际关系的和谐顺畅、对我们的沟通活动的效率有着巨大的促进作用，对于感情方面来说，幽默是心灵之间的碰撞，是爱情和友谊的催化剂。 幽默的人所到之处，会给沉闷的气氛带来欢笑和融洽。 可以这么说，如果生活是菜肴，那么幽默就是让一道菜肴色香味俱全而必不可少的调料。

但要知道，即使调料再有味道，放多了，也会毁掉一盘好菜，就如同在菜里放盐，盐是菜里不可或缺的调料，但要是放得太多，那就会毁了这道菜。同样的道理，适度的幽默会让生活变得多姿多彩，但要是使用无度，甚至滥用，那就会毁掉多姿多彩的生活，会给自己和其他人带来伤害，不仅想要达到的目的实现不了，反而会让事情进一步恶化。

　　某大公司有个年轻的女孩，工作能力很强，十分主动，人也没有坏心眼，但是人缘却不是很好，也一直得不到提拔，原来，这一切都是因为她说话开玩笑从来不考虑别人的感受，嘴上没有把门的，从而无意中得罪了很多人。

　　某天中午午餐后，公司的同事坐在一起聊天，一位比较丰满的女同事说到自己刚看过的一本杂志上的内容说："人之所以会发胖其实是没有管住自己的嘴，事实上我们每天摄入的营养要比维持身体机能所需的多得多呢。"那位年轻的女孩听到后马上接口道："没错，这篇文章我看过的，标题叫作《活该你胖》。你看看你，这一顿中午饭，就你吃得多，所以你才那么胖，都是你自找的吧！哈哈，亏你还看过那文章呢！"

　　这一句话一出口，女孩还在乐呢，但是那位较丰满的女同事当时脸就沉了下来，转身就走了。

　　从中我们可以看出来，如果单纯地为调笑而幽默，就会显得很不合时宜。这样的调笑根本不能算是幽默，不但成不了沟通中的润滑剂，甚至还有增加沟通"摩擦系数"的可能。

　　除非是交谈怀揣恶意，那么聊天中开玩笑的人大多数都没有恶意，但若不把握好尺度和分寸，就会像上文中的年轻女孩一样，产生非常不好的后果。

有的时候，甚至是称赞对方的话语，也可能不小心冲撞了对方，引发对方的反感，招来怨恨。所以，社交幽默中掌握一些分寸是非常有必要的。

一般来说，我们都认为律师这个职业是最需要口才表达能力的。所以只要是律师，无论是在法庭上的交锋，还是在社交场合的闲谈，都能运用好幽默，掌握好度，但事实上，也并不是如此，下面的例子能帮我们更好地理解幽默中的适度。

有一位年轻律师总是带着满身的伤痕回家。他的妻子也总是很纳闷，有一天，律师又满身伤痕地回来，他的妻子终于忍不住问："你究竟是律师还是黑社会打手？怎么总是伤痕累累、狼狈不堪？"

律师回答道："你可别提了，那帮当事人太难伺候了，一句话说不对居然动拳头揍我。"

妻子奇怪地问："那你都说什么了？"

"唉！今天我的当事人要起诉他的同事。那个同事总是在单位辱骂他的妻子，说他妻子尖嘴猴腮的一看就不是好人，还说她没有进化好，过早从树上下来生活。我说：'嗯，那没问题，至少可以起诉他侵犯名誉权，让他赔礼道歉、赔偿损失。对了，你带妻子的身份证了吗？我需要一张复印件和委托文书。'我的当事人很痛快地把东西给了我，结果我随口说了一句话，就被揍了。"

"那你都说什么了?"

"我说:'咦,奇怪,现在怎么连猴子也需要办身份证了?'"

妻子听她先生说完,顿时就觉得他先生被揍真是自找的。

无论是谁听到这样的话,哪怕是再幽默、再好笑,恐怕也笑不出来,挥动拳头或许都是轻的了。

一定程度的玩笑或者幽默可以为大多数人所接受,但某种特定类型的幽默特定的话语却总会让一些人无法容忍。每个人都有自己不愿提及的往事、不愿被碰触的伤口,都有自己有所保留的地方,如果某个玩笑触及了别人不可触及的地方,那即使是最随和大度的人,也可能会被激怒,哪怕他没有表现出来,但这个心结就肯定结下了。所以,在运用幽默口才或开玩笑时,一定要适度。恰当的幽默会助人成功,但不当的幽默也会让自己陷入窘境。事实上,幽默是有很多禁忌的。

首先,幽默忌目的不明确,尺度不适当。不管是嘲讽丑的还是赞赏好的,都要适度,不要过而不及。

其次,幽默忌拿庄严的事物当作幽默的对象。比如民族、国家、信仰、伦理辈分等。

再者,面对不如自己的人少调侃,要照顾别人的感受,不要拿别人的疮疤作娱乐话题,不要把幽默建立在别人的痛苦之上。

只要掌握好幽默的度,谨记让幽默适度的切忌事项,那么就如英国著名戏剧家莎士比亚所言："幽默和风趣是智慧的闪现。"法国作家雷格威更断言："幽默是比握手更进步的一大文明。"适度、适当的幽默是人与人交际时的润滑剂，有了它的帮忙，我们可以在人际交往中游刃有余。

妙用幽默，
化干戈为玉帛

生活并非总是充满着阳光和雨露，总会有乌云遮蔽太阳的时候，也会有泥浆溅到身上的时候，遇到这样不愉快的情况，我们可以有多种处理的办法，我们可以在剑拔弩张的气氛下唇枪舌剑，也可以妙用幽默，大事化小，小事化了。幽默可以让人化解困境，或者从危险的境地中脱身，创造性地、举重若轻地解决问题。

有一家饭店的老板非常有幽默感，常常用幽默来化解经营过程中和顾客发生的冲突。

有一次，一位顾客走进这家有名的饭店，点了一只清蒸龙虾。当菜上来之后，顾客发现菜盘中的龙虾少了一只虾螯。

他马上叫来侍者，询问这是为何，侍者支支吾吾，最后没办法找来了老板。

老板来到顾客跟前，了解了情况之后，自知理亏，看着怒气冲冲、一触即发的顾客，他抱歉地说："对不起，先生，龙虾是一种残忍的动物，他们常常自相残杀。您的龙虾可能是在和它的同类打架时打输了。"

原本老大不乐意的顾客，听完老板的解释不禁忍不住笑了出来，怒气也消散了很多，他也非常巧妙地回答："那么，请您调换一下，把那只打胜的给我吧。"

于是老板欣然同意了顾客提出的解决方案，顾客也没再生气，一场风波就这样平息了。

其实，老板给顾客换只龙虾是他分内之事，但仅仅是给顾客换只龙虾可能不会让顾客很快消气，毕竟浪费了顾客时间，但是，老板的一句幽默的话，就能迅速平息顾客的怒气，没有伤及他人的自尊，既保护了餐馆的声誉，也维护了顾客的利益，化解了一场可能发生的不愉快。

还是在同一个饭店，有一位女士点了招牌的罗宋汤。汤上来后，她喝得津津有味，可是喝着，喝着，忽然发现菜汤里有一只苍蝇，女士顿时觉得恶心，她气冲冲地扬手招来侍者，怒不可遏地说："你看看什么在我汤里！请问，这东西在我的汤里干什么？"侍者慌了神，不管怎么说女士都很生气，已经有人开始围观他们了，于是侍者赶忙又把老板找来。老板来了之后，他弯下腰，仔细看了半天，回答道："女士，这是一只苍蝇在仰泳！"

老板话音刚落，女士就忍不住被逗笑了，围观的人也散发出阵阵笑声。老板这时赶忙让侍者重新上一份汤，然后又跟女士道歉。

在这种情况下，无论老板如何解释、道歉，都只能受到尖锐的批评，而这位女士不管发多大的火也都可以理解。但是，老板的一句妙语让女士解气，幽默帮了他的忙，把他从紧张的困境中解救出来，使气氛得以缓和，从而也有利于事情的解决。

有句俗话叫作"多说无益"，在盛怒的情况下，再合情合理的解释、再诚恳的说辞可能都没有办法让人平息愤怒，因为这时候情绪上的不稳定和不理智已经牢牢摄住了理性的心智，那么这时我们该做的是先让情绪平复，然后再晓之以理、动之以情，诚恳道歉，这样别人才能听进去你的话，从而消除误会，平息怒气，化解干戈。

而平息对方的盛怒，最好的办法就是幽默一下，让另一种无害的喜悦的情绪覆盖之前盛怒的情绪，让他沉浸在幽默之中，忘记刚才不好的情绪。

不但平息怒气化解干戈需要我们用到幽默，在生死攸关的时刻，幽默还能助我们逃生。

在西方国家有个经典的故事，讲的就是用幽默的语言为自己争取机会，把自己从困境中救出。

法国大革命前期，阶级划分明显，很多上层贵族对下层农民做了违法的事，都得以逃脱。

一天，一个贵族的狗突然发狂，扑向正在地里干活的农夫，农夫为了自卫，情急之下用粪叉对准了迎面而来的狗。狗一跃而起时就被粪叉刺穿，当场毙命。

这时贵族赶来，他非但没有对农夫表示歉意，反而反咬一口，指责农夫打死了他的狗，于是拉着农夫就进了法庭。

法官和贵族沆瀣一气，他听完贵族的表述，一点都不给农民辩白的时间，就想治农民的罪，他说道："你真过分，居然一叉就刺死了贵族心爱的狗。"农民赶忙说："我这是自卫，我要是不这样，就会有生命危险。"法官又不分黑白说道："那你就非要刺死这狗不可吗？你要是把叉子倒过来，用没有尖刺的那一头，不就没这事儿了吗？"

旁听的人都觉得这法官颠倒是非，个个义愤填膺，但又无处可说，纷纷为这农民即将遭遇的牢狱之灾感到冤屈。

但是农夫却没惊慌，很从容地回答道："您说得很对，法官先生，要是那条狗也倒着向我扑过来，我当然会这样做的！"旁听的人都被逗乐了，法官看到民心所向，如果非要判农民有罪，那面对这么多旁听的人，他实在没法交代，于是他只能判农夫无罪。

其实这件事情孰是孰非非常明晰，道理也都明白，可是，欲加之罪，何患无辞，不论农民怎么辩解，都没有办法让自己顺利脱身。

但是恰到好处的幽默的话语，一方面再次挑明了事实的真相，另一方面能帮自己获得更多人的认可，让更多人不认可无理的另一方，从而为自己争得更多人的支持。

　　当你遇到急迫而又棘手的问题时，要懂得随机应变，使用恰到好处的一句幽默的话，阐明道理和你的优势，为自己赢得更多的认同感，这样才能令你立于不败之地。

随意的幽默
往往更有意思

　　人们都喜欢听幽默的话，就像我们本能地喜欢听好听的音乐、欣赏美妙的诗篇一样；我们和言谈幽默的人在一起，往往就像置身于宁静的湖泊边或峻秀的深山中，让自己陶醉不已。幽默风趣的人，是我们生活中不可或缺的一道最亮丽的风景线。

　　幽默具有神奇的魅力：可以为懒惰者带来活力与干劲，也可以为勤奋者驱散疲惫；可以为孤僻者赢得朋友，也可以使欢乐者更愉悦；可以使愁眉苦脸的人笑逐颜开，也可以使泪水盈眶的人破涕为笑。

　　很多人都认为幽默是很难得的，是需要下苦功夫费尽心力才会闪现的火花，其实不然，幽默往往是妙手偶得，一举手、一投足、一言一行都可以显示出幽默，而且，不经意间散发出来的幽默，往往更自然，更易于被大家接受。北大教授刘震云说过："真正的幽默既不是语言的幽默，也不是事件的幽默，也不是事背后道理的幽默，是一种生活态度。"所以，把幽默当作一种生活态度，带着这种态度去生活，不需要刻意为之反而效果更好。

为什么只要卓别林、周星驰等许多喜剧人物一露脸，他们一张口、一举手、一投足，就能把人逗乐，他们一出现就立刻能把人们的心弦拨动，使千千万万的影迷为之捧腹、为之倾倒？他们幽默的奥妙就在于他们的一言一行、一举一动充满了幽默，自然而发，不做作，不刻意，启人心智，令人愉悦。

他们可能无意幽默，但是却幽默自现。

> 某公司某职员居住的单人宿舍漏雨厉害，每到下雨天，都是屋外下大雨，屋内下小雨，这位职员多次找过单位的物管部门要求修缮，但总是被推三阻四，每每都没有结果。
>
> 一天，公司的领导下基层关心公司职员的生活问题，来到了该职员的单身宿舍，他随口问到该房屋的使用情况，该职员老老实实回答说，漏雨，领导又问道，漏雨情况如何？大家都以为他会大诉其苦，却没想到这位深受漏雨之扰的职员微微一笑说道："还好，不是经常漏，只有下雨时才漏。"他的妙语博得领导诸人一阵大笑。几天后，修缮房屋问题得到妥善解决。

仔细想来，这位职员说的都是实话，没有什么所谓的幽默的"技巧"在里面，但是却达到了幽默的效果，这就是浑然天成的幽默，虽然话说得很随意，没有雕琢，但是就是有幽默的效果。

幽默并非某些人的专利，只要愿意，我们都可以在生活中很自然地表达自己的幽默，不用刻意琢磨。

但是，如果生活中的你整天一副严肃的表情，事事较真不豁达，一点儿小事情纠结半天，一点儿不愉快记一下午，那么你就没有办法做到有感而发，时时幽默。能够随性说出幽默话语的人，一定是一个乐观开朗的人、一个胸襟开怀的人，甚至是一个能苦中作乐的人。

山涧清泉之所以汩汩流淌，是因为有永远不竭的水源；幽默者之所以语言风趣幽默，是因为他的内心永远处在一种豁达开朗的境界。

春运期间，一趟西行的火车上人满为患，哪儿都是人，一对年轻的夫妇抱着自己尚在襁褓中的孩子也挤上了火车。这时有好心人看到了这对夫妻，见他们抱着孩子扛着行李站着实在很辛苦，于是就找了几张报纸，铺在座位中间的小桌子下面，让他们坐在地上歇脚，年轻的丈夫感激不尽，几个人聊着天顿时气氛就活跃了起来。

这时列车员过来检票，没注意脚下有报纸，一脚就踩了上去，这时年轻的父亲说："唉，同志，你注意点，别踩着我们的'地毯'。"列车员一开始还不明就里，但他低头看到这对夫妻和孩子，顿时就笑了，连声道歉并且还间或请抱着孩子的母亲到乘务员休息室休息。

这位父亲就是一个乐观开朗的人，也是一个有宽广胸襟的人，一方面在这样的乘车环境下，他不抱怨，不发牢骚，而是积极地解决问题，另一方面，在别人弄脏他的"座位"的情况下，他没有大发雷霆、得理不饶人。这样的人，就能在生活中处处显现幽默，也为自己带来便利。

让自己能随意地说出幽默的话语，还需要我们增加自己的知识和见识，博闻强识、见多识广的人才有可能发现别人注意不到的意趣，从而引发幽默。

　　明朝年前，有一位姓石的学士，人称石学士。一次，石学士骑驴出门讲学，驴儿走着走着突然开始不听话，"咣当"一下，把石学士摔倒了地上。他的书童急忙上前搀起石学士，石学士却并不着急，他整整衣冠，说道："幸亏我是石学士，我要是土学士、木学士，估计这一下我早就摔坏了。"

　　石学士从他自己的姓入手，随口一句话，引得众人哈哈大笑，不经意间展现了自己的智慧和幽默。

心情沉重的人，是无法展现笑容的；充满狐疑的人，话里话外除了尖酸之外再无其他；整天忧思满腹、七上八下的人，话里肯定深埋着忧郁。只有心怀坦荡、不计得失的大度之人，才能笑口常开，妙语常在。

阳光并没有特意每日升起普照大地，但却造就了自然界的勃勃生机；幽默的人并未特意为之，说出话虽然朴实无华，却心境豁达，反而令人感受到幽默者厚实的天性和无穷的智慧。

林语堂在论及幽默时说道："幽默是由一个人旷达的心性中自然而然地流露出来的，其语言中丝毫没有酸腐偏激的意

◇ 幽默口才，展示魅力 ◇

你真是大忙人，我都来100多趟了，鞋都磨坏了两双，终于见到你了。

将事情进行适度的夸张，营造出一种夸张的喜剧效果，也是幽默的有效方法之一。

妻子把饭菜和自己并列在一起，幽默地暗示丈夫在吃饭的同时，不要忘记了自己需要丈夫的爱。当你觉得爱情生活变得日益沉闷的时候，可以用幽默来打破这种死气沉沉的平静。

估计再也没有如此巧合的事情了。

我这里有更巧的，我爸爸和我妈妈的婚礼恰好在同一天。

聚会聊天时，适当说些笑话，能起到活跃气氛的效果，还能吸引听众的注意力。

味。 而油腔滑调和矫揉造作，虽能令人一笑，但那只是肤浅的滑稽笑话而已。 只有那些巍巍荡荡、朴实自然、合乎人情、合乎人性、机智通达的语言，才会虽无意幽默，但却幽默自现。"

当我们拥有旷达明朗如万里无云之天空的心境时，当我们学富五车、知识满斗时，我们说的话也可以达到"无意幽默，却幽默自现"的境界。

巧妙的
一语双关幽默法

一语双关是幽默技法中很常用的一种说话方式，无论是在化解尴尬、缓和气氛，还是在对他人的拒绝中或者对他人的批评中，都能够起到很有效的作用，往往在玩笑中化解了尴尬，在平和中度过了危机。

具体来说，双关就是在一定的语言环境中，一般利用语音或语义上的相似性，故意使某一词语牵涉到和它本义无关但有牵连的另一个意思，从而具有了两个意思、双重意义，造成一种言在此而意在彼或亦此亦彼的效果，从而营造活跃气氛，迁移话题，让自己跳出尴尬境地，阐明不好说明的话题，更能让对方心悦诚服地接受你的要求。

在很多种场合下，比如遇到某些突发的情况时，如果能用好双关，那就不至于措手不及，使双方陷入尴尬境地。

第二次世界大战期间，英国首相丘吉尔到华盛顿会见美国总统罗斯福，要求美国共同抗击德国法西斯，并给予物资援助。

丘吉尔受到罗斯福的热情款待，被安排住进白宫。

一天早晨，丘吉尔躺在浴缸里，抽着他那极具标志性的特大号雪茄烟。

此时，门突然开了，进来的是美国总统罗斯福。丘吉尔大腹便便，露出水面的肚子一览无余，两位世界名人在这样的情形下碰面，实在颇为尴尬。

这时丘吉尔放下了雪茄，说道："总统先生，我这个英国首相在您面前可真是一点也没有隐瞒。"

话说完两人哈哈大笑起来。不久之后，美国加入同盟国的战线，一起抵抗法西斯在世界各地的暴行。

丘吉尔这一句风趣幽默又语带双关的话，不仅使他们从尴尬的情境中解脱出来，而且借此机会他再一次含蓄地阐述了自己的观点和目的，以及谈判的诚意，促进了谈判的成功。

我们在生活中或者工作中，就要多学习这种说话方式，双关的语言不但幽默，易于被人接受，也能为你求人办事助一臂之力。

比如，在和领导说话时，在针锋相对、气氛紧张，甚至略带一点火药味的情况下，面对领导的逼问或者责问，就可以采用双关的"明里说一，暗里说二"的方法，把自己的见解、自己的想法，甚至是对自己的开脱都放在这样的语言中，从而达到自己的目的。

那么，我们如何在语言中做到双关呢？其实很简单，双关分两种，一种叫谐音双关，一种叫语义双关。我们可以通过以下两个例子，来掌握双关的使用方法。

《红楼梦》第四十六回中，贾老太太的贴身大丫鬟鸳鸯不愿意听他哥哥的话嫁给贾赦做小，于是她嫂子来劝她。她嫂子召唤她来说话，鸳鸯道："什么话，你说吧。"

她嫂子笑道："你跟我来，到那里我告诉你，横竖有好话儿。"

鸳鸯明知她是为给贾赦说亲这件"喜事"而来，于是，使用双关手法骂道：

"什么好话，宋徽宗的鹰、赵子昂的马都是好画。什么'喜事'！状元痘儿灌的浆儿又满是喜事。"

这是一种谐音双关的技巧，好话和好画谐音，显出言语的犀利，且避开别人的本意，锋芒毕露，锐不可当。

还有一个故事很好地说明了语义双关。

从前，有个县官带着随员骑马到王庄处理公务。走到一个岔道口，不知道朝哪个方向走才对。正巧一个老农扛着锄头走来，县官在马上大声问老农："喂，老头儿，到王庄怎么走？"

那老农头也不回，只顾赶路。

县官大声吼道："喂！"

老农停下来说："我没有时间回答你，我要去李庄看稀奇事。"

"什么稀奇事？"县官问。

"李庄有头牛下了匹马。"

"真的？牛怎么会下马呢？"县官百思不解。

老农认真答道："世上的稀奇事多着哩，我怎么知道那畜生不下马呢？"

这就是典型的语义双关，老农借字面的"畜生"，实则斥责连做人常礼都不懂的县官。老农明言此、暗言彼的双关话语，深深地讽刺了县官不懂礼貌、蛮横没教养的行为。这样的话语既能保持说话的气度，又可以明确点出问题所在，同时也能让被说的人无话可说。

以上两个例子说明了两种双关技巧的运用。只要运用得当，就能够增加言语谈话的力度，在增加语言的趣味性的同时，也使语言这一武器更具威力更有效，控制住和别人谈话或辩论的节奏，牢牢把握主动权。

我们可以通过模仿、类比来增加自己使用双关幽默的技能，但是在实践中，还要注意以下几点：

1. 高雅纯正，杜绝低级趣味

在使用双关时，一定要坚持文明和礼貌的底线。双关的根本目标在以理服人，而非用非常的话语让人口服心不服。虽然丑陋不堪的素颜俗语也有可能凭一时的口舌之快占到上风，但泼妇骂街式的所谓"双关"令人不齿，让人耻笑，是十分不可取的。

2. 隐藏幽默，含蓄表达

需要思考才能找到笑点，这是双关技巧的要点。如果忽视这一点，直接表达，那么双关就会失去风趣、讥讽和辩论的力量。所以，寓幽默于双关，含而不露，寓驳于笑，引人深思，是双关的要点之一。

3. 切中要害，一击即中

我们所说的话，都一定要经过我们的思考。话是说出来的，不是喷出来的，我们要善于捕捉对方的真实意思、最终企图，要善于发现对方的破绽、漏洞，这样方能切中要害，使之无言以对，心悦诚服。

4. 沉着冷静，方寸不乱

西方有句谚语叫作"速速想，慢慢说"，我们在想好如何表达之前，要沉着冷静、以静制动，面对对方挑衅和咄咄逼人的气势，我们不要乱了方寸，要从他们的描述和表现中找破绽。我们要始终保持良好的举止，文质彬彬却寸步不让。只有沉着冷静，才能思考，才能把双关的幽默发挥到极致。

会赞美，走到哪里都受欢迎

寻找对方值得
称道之处

PART 08

会赞美，走到哪里都受欢迎

在变化如此迅速的现今社会，每个人被认可的需求更加强烈。 我们在人际交往中要做的就是满足对方对于认同感的渴求，以此获得他人对我们的认可与信任。 从某种意义而言，与人交谈就是一种探求对方心理需求的过程，通过这种过程，可以知晓对方的心理渴求，依此对症下药，确定谈话内容，从而达到传递正能量同时获取对方信任的目的。

那么，我们通过什么样的语言才能给予对方正能量呢？答案当然是赞美。 赞美就像是加油站，能源源不断地输出正能量。 赞美是一种慰藉，是一种肯定，它能使人际关系和谐，增强彼此的亲近感。 所以，我们在人际交往中，要学会寻找别人值得称道之处，适时给予赞美，以此为我们赢得良好的人际关系。

法国雕塑艺术家罗丹说，世界上并不缺少美，而是缺少发现美的眼睛。 如果用心去观察，任何一个人都有他的可赞之处。 甚至，在此场景中的缺点，放到别的地方就可能是优点。

◇ 赞美是口才，更是艺术 ◇

向人请教等于赞美

放下自己的身段，虚心向身边所有的人请教，你不仅表现出一种谦虚，更满足了别人希望被赞美的需求。

赞美对方过去的行为

对于初次见面的人，最有效的赞美就是称赞对方过去的成就。赞美这种既成的事实与交情深浅无关，对方接受起来也比较容易。

所以，赞美别人并不难，只要善于观察、善于思考，总能发现对方的闪光之处。

只有先发现对方身上确实值得称道之处，才可以使自己的赞美显得真诚而恰到好处。否则，就很有可能起到反效果，导致对方面对你的赞美不但不领情，反而觉得你虚伪不可靠。

被誉为"销售权威"的霍依拉的交际诀窍是：初次交谈一定要扬人之长、避人之短。有一回，为了替报社拉广告，他去拜访梅伊百货公司的总经理。寒暄之后，霍依拉突然问道："您是在哪儿学会开飞机的？总经理能开飞机可真不简单啊。"听到霍依拉这样说，总经理兴奋异常，谈兴勃发，广告之事顺理成章地安排给了霍依拉。

霍依拉找到了总经理身上的过人之处，那就是会开飞机，并以此对总经理进行赞美，使其在得到了肯定之后内心愉悦，从而顺利为报社拉到了广告。由此可见，寻找、发现对方值得称道之处，并依据这些亮点对其进行恰到好处的赞美，可以使对方感到愉悦并对自己产生好感，从而促进人际交往的顺利进行。

每个人都希望得到别人的赞美，赞美是人们生活中不可或缺的营养剂，可以给人动力，滋润心田。赞美他人关键是寻找到对方值得称道之处，让我们的赞美贴切、自然。有些人很善于找到别人身上的优点，但因为没有掌握住分寸，喋喋不休地赞美，这样，也会取得负面的效应。日本超级保险推销员原一平在刚开始运用赞美时就犯了这方面的错误。

原一平到一位年轻的小公司老板那里去推销保险。进了办公室后，他便开始赞美这位年轻老板："您如此年轻，就当上了老板，真了不起呀，在我们日本是不太多见的。能请教一下，您是多少岁开始工作的吗？"

"17岁。"

"17岁！天哪，太了不起了，很多人在这个年龄时，还在父母面前撒娇呢。那您什么时候开始当老板呢？"

"两年前。"

"哇，才做了两年的老板就已经有如此气度，一般人还真培养不出来。对了，你怎么这么早就出来工作了呢？"

"因为家里只有我和妹妹，家里穷，为了能让妹妹上学，我就出来干活了。"

"看来你妹妹肯定也很了不起呀，你们都很了不起呀。"

就这样一问一赞，最后赞到了那位年轻老板的七大姑八大姨，越赞越远了。最后，这位老板本来已经打算买原一平所推销的保险，结果因为原一平的啰唆而不买了。

后来，原一平才知道，本来那位老板在听到几句赞美后，心里是很舒服、很高兴，可是原一平后来说得太多了，没完没了的赞美搞得他由原来的高兴变得不胜其烦了。

由此我们可以看出，对他人进行赞美时，要找出对方身上所具有的值得称道之处并不难，关键是要依此进行适当的赞美，要适可而止，见好就收，不要将赞美之辞演变成老太太的裹脚布，又臭又长。 这样，就违背了我们赞美他人的本意。

赞美之辞要发乎情而止于礼，赞美得恰到好处，使对方感到愉悦即可，若是一味地只顾赞美，则会使赞美失去原本的色彩，变得暗淡无光，也使听者觉得索然无味。 例如，平时我们到朋友家中做客，看到客厅的沙发很是别致，并且以前听朋友对自己谈起过这套沙发，于是便说："呀，这套沙发真是颇有情趣呀，使整个客厅的氛围都活跃了起来，算得上是室内装修的点睛之笔呀！ 很少见这样造型和颜色的沙发，价格一定不菲吧？"这样的话虽是带有一定的客套成分，但也是我们有感而发，但又点到为止，既让对方脸上有光，又不显得过分，且将赞美之辞确实用到了对方自认为值得称道之处，对方恐怕是想不开心都难。

总而言之，赞美之辞就如春风雨露，能给人能量，让人愉悦。 我们在人际交往中要善于发现他人值得称道之处，并依此适当地向对方表达出我们的赞美之情，以营造良好的社交氛围与人际关系。 一句赞美，既不用花钱，也不会有所损失，却能使对方得到无限的快乐，何乐而不为呢？

赞美对方
引以为豪的事

人们对自己一般都有一个自我认识，对于自己的得意之处，总是希望能得到别人的认同。俗话说，好钢要用到刀刃上。我们在赞美别人时，就要赞美对方引以为豪的事，将赞美之辞说到对方的心坎里，这样对方就会感受到强烈的认同感，从而使我们收获对方的信任与认可。

乾隆皇帝喜欢在处理政事之余品茶、论诗，对茶道有一定见地，并颇以此为豪。有一天，朝中宰相张廷玉散朝回家，刚想休息一下，乾隆忽然来造访，张廷玉感到莫大的荣幸，立即命令把家里的珍藏的雪水挖出来煎茶。乾隆很高兴，并招呼大家坐下："今儿个我们都不要拘君臣之礼。论道品茗，不亦乐乎？"水开了，乾隆还亲自给大家泡茶，并讲了一番茶经，张廷玉听后由衷地赞美道："我哪里知道这些，只知道喝茶可以解渴提神。一样的水和茶，却从来没有闻过这样的香味。"李卫也乘机称赞道："皇上圣学渊博，真叫臣大开眼界呀，小小一杯茶竟然有这么多的学问！"乾隆听后心花怒放，更是谈兴大发，从"茶乃水中君子，酒乃水中小人"开始论起"宽猛之道"，滔滔不绝，众臣自是洗耳恭听。

乾隆的话刚结束，张廷玉便称赞道："今天皇上这番宏论，从孔孟仁恕之道发端，譬讲三朝政纳，虽然只是三个字'趋中庸'，却发聋振聩，令人心目一开。皇上圣学，真是到了登峰造极的地步。"其他人也都附和，乾隆大大满足了一把。

张廷玉和李卫深知乾隆的喜好，并知道他把自己的杂经和"宏论"引以为豪，二人便以此为依据，对乾隆进行大肆赞美，从而达到了取悦乾隆的目的。

由此可见，抓住他人引以为豪的东西，并以此为目标对其发动猛烈的赞美进攻，往往能收获美妙的交流效果。其中，关键是要抓住对方明显强于他人之处，也就是所谓的"个性"之处，这往往也是其最引以为豪的地方。对这一方面进行重点的赞美，就会达到很好的效果。

一次，曾国藩吃过晚饭后与门下的几位幕僚闲谈，评论当今英雄。他说："彭玉麟、李鸿章都是有大才干之人，我很不如他们。我所能引以为豪的，只是平生不谄媚、奉承别人罢了。"一个幕僚说："只是各人各有所长而已：彭玉麟勇猛强悍，人们不敢欺负他；李鸿章精明聪敏，别人欺负不了他。"说到这里，他说不下去了。曾国藩又问："你们以为我怎样?"众人皆低头沉思。忽然走出一个管抄写的后生插话道："曾师是仁义宏德，人们不忍心欺负您。"众人听了齐拍手称是。曾国藩听后，十分得意地说："不敢当，不敢当。"后生退出去以后，曾国藩问在座的幕僚："这个人是谁?"幕僚告诉他："他是扬州人。曾入过太学学习，家境贫寒，办事谨慎。"曾国藩听完后说："这是个有大才之人，不可埋没呀。"不久，曾国藩升任两江总督，就派这位后生去扬州任盐运使。

这位管抄写的后生正是抓住了曾国藩的个性中最与众不同、令他引以为豪的"仁德"，并以"人们不忍心欺负仁德的曾师"对曾国藩进行了赞美。这不仅挠到了曾国藩的痒处，使他感到愉悦，而且这位后生也因此获得了曾国藩的信任与认可，做了盐运使。可见，赞美之辞在涉及对方引以为豪的事情时，会使赞美的效果大大增强。

拥有不同经历的人，往往对自己、对人生的认识也不相同，因此，他们所引以为豪的事情也会不同。赞美他人时，要对不同的人说不同的话，切不可使赞美变得千篇一律、虚无空洞，这样既会降低赞美他人所达到的效果，甚至还会适得其反，造成负面影响，给自己的人际关系带来危害。

诚诚是一名大一新生，对于住在同一宿舍的其他几位同学都还不太了解。一天，诚诚和室友小毅一起去学校教务处处理关于学籍的事情。因为常听长辈们对他讲"在大学里要学会办事，学会跟老师和同学搞好关系，提高自己的交际能力……"，所以他觉得大家对自己的交际能力都很重视。办完之后，诚诚觉得这是拉近和小毅的关系的好机会，于是对小毅说："别人老说咱们年轻人不会说话、办事，只会直来直去，不懂交际。我是这样我承认，但我看你刚才在政教处里的言谈举止颇为游刃有余，很成熟，根本不像一个大一新生。"小毅平时也对自己的交际能力颇引以为豪，对人际交往方面也比较重视，所以听到诚诚这样说，自然很高兴，俩人的关系也就近了一步。

又有一天，诚诚和另一名室友周仁一起外出，路上遇见了辅导员，俩人就和辅导员聊了几句。过后，诚诚觉得这是用赞美和周仁打开话题、拉近关系的机会，于是说道："刚才看你说话，我觉得你挺会来事的，交际能力很强啊，我以后还得多向你学习。"周仁一听，不但没有因此而开心，反而对诚诚产生了些许厌恶。因为周仁属于有些清高孤傲的文艺青年一类，一向对人际交往不太在意，甚至有些反感，所以诚诚的赞美不仅没有打动他，而且在一定程度上让他觉得这是对他的侮辱。

诚诚在对周仁缺乏了解的情况下，对小毅和周仁用了同样的语言赞美，并且没有分清说话场合。实际上是想赞美对方，拉近彼此的关系，结果不但没有达到预期的目的，反而招致了对方的反感。 所以，赞美的对象是对方引以为豪的事情，才能达到比较好的交际效果，否则，极有可能适得其反。

借他人之口
赞美异性

　　赞美的言辞，若是经自己的口说出，在一些情况下会容易让人觉得是刻意奉承。 特别是在与异性交谈时，若是将自己的赞美之情表达得太露骨，会让对方觉得有刻意讨好与夸张之嫌。 这时，若是借助一个跷板，将自己的赞美之词，经由他人之口说出，则既可以达到赞美对方的目的，又能有效地避免刻意恭维、奉承。

　　在一般人的观念中，总认为不在场的"第三者"所说的话是比较公正、实在的。 因此，在赞美异性时以"第三者"的口吻说出赞美的话，更能得到对方的好感和信任。

　　例如，一位男士与一位美丽的女士初次相见，可以这样说："早就听谁谁说您的气质不凡，今日一见，果然名不虚传。"一位女士对一位男士表达赞美之情，可以这样说："经常听我先生提起您，说您年轻有为、成就非凡，今天可算是让我一睹了真容，果然所言不虚呀。"

　　这是借助对方认识的第三方表达我们的赞美，此外，还可以借助对方不认识的第三者对异性进行赞美。这样会使对方产生更高一层的精神享受。一般来说，人受到不认识的第三者的赞美时比受到自己身边的人的夸奖更为高兴。因为当他听到自己不认识的人也赞美自己时，会觉得在自己所属的天地之外也得到了承认，从而感到异常欢欣，强烈的荣誉感进一步得到了满足。例如："我们经理上次看见你了，对你大加赞赏啊，说你不像一般人，有一种超脱的气质。""我的一个朋友对你很是看好，说你有大才，将来肯定成就不凡。"

小吴是公司的公关部经理，一次，她负责跟一位大客户任总进行洽谈。小吴对这位任总的耿直性格早有耳闻，知道他不好沟通，于是先做了些功课。

见面之后，任总果然气势逼人，好在小吴早有准备。见到任总，小吴先说："任总，您好，经常在报纸上看到关于您的报道，说您身上有一种'凛然正气'，今日一见，果然威风凛凛，有大将之风啊。"任总听她如此说，微笑早已挂在脸上了，这时爽朗地"哈哈"一笑。说："哪里哪里，你过誉了。"小吴一边请任总坐下，一边接着说："您请坐。我也经常听我们王总提起您，说您和许多的商人不一样，不只是一名生意人，而是一位有作为的企业家。每次提起，他言语之中总是充满敬意。"任总此时早已卸下了防备，满面和气，不像刚见面时那么严肃了，小吴也顺利地完成了洽谈任务。

小吴虽然身为公关部经理，但毕竟是位女士，对任总不便进行直接的热情赞美，否则不仅可能达不到赞美的效果，而且还有可能让对方觉得自己不够庄重，产生反感，给双方的沟通带来障碍。借助他人之口对任总进行赞美就是比较好的选择，既加强了赞美之词的强度，又很好地规避了风险，可谓一举两得。

另外还有一种借他人之口赞美异性的方法，就是在与他交好的朋友面前赞美他，直接借其朋友之口将自己的赞美之情传递给对方。

例如，男士要赞美女性，则可以将赞美之言适度地说给她的闺蜜听："谁谁真是不一般啊，巾帼不让须眉，比男人都有本事，我对她很是敬佩！""她是我见过的最清新脱俗的女生了。"而女士赞美男士，则可以将话说给他的哥们儿听："你们那个谁谁挺不简单呀，不仅博学见识深，而且取得了那么大的成就，真是让人不得不佩服。""你那个朋友真是气宇轩昂、英姿勃发。""某某不像那些油腔滑调的男孩子，是个实在人。"这样，被赞之人的好朋友一定会将我们的赞美传达给对方，进而从侧面获得对方的好感。

这种赞美适合那些你有心结交但又不好意思当面直接夸赞他的人，这时候不妨多在第三者面前对他进行赞美，这是表达你的赞美之意有效而中肯的方式。如果有一天，身边的朋友对他讲："某某经常跟我提起你，说你是位令人尊敬的人。""某某经常在我面前夸你，说你不仅人长得漂亮，而且才华横溢，将来一定大有成就。"相信听者的愉悦与自豪感一定会油然而生，对你自然也就多了几分信任与好感。那么，你下次再和他进行交流时就容易多了。由此可见，我们若想与异性朋友巩固关系、加深感情，不妨多在第三个人面前赞美他，让我们的赞美通过第三方传达给对方，这样，既避免了当面赞美可能产生的尴尬，又使得赞美的效果大大提高，可谓一举两得。

借他人之口赞美异性时，要注意赞美的程度不要超过普通朋友的界限，若是赞美得过头了，则容易造成误会，甚至使对方刻意疏远自己。当然，若是对自己所赞美的异性有更进一步的想法，则另当别论了。

总之，在对异性进行赞美时，间接、直接借助他人之口说出赞美之词会比从自己口中说出来更合适。因为若是自己直接对异性进行赞美，出于一种自我防护的意识，或者为了维持谦逊矜持的形象，对方可能对你的言辞不会全信，甚至全部不信。若是巧妙地借助于第三方之口说出自己的赞美之词，则会使对方放松警惕，放下对你的防备，坦然接受你转述的"他人的赞美"或他人转述的对你的赞美。

公开的赞美
最令人激动

俗话说，好事不出门，坏事传千里。虽然说话应谦逊低调，但对于让自己颇为骄傲之事，人们还是希望被别人知道甚至被别人称赞。所以，我们若能找准时机对别人进行公开的赞美，则会正中其下怀，收到意想不到的效果。

在公开的社交场合，由于参与交流的人较多，谈话所产生的传播效应也会较大。在这种场合下对他人的赞美也会更加有分量，也比私下里的赞美取得的效果更好。

朋友之间，往往对彼此都有一定的了解，对彼此的优点也会相互肯定，这也是人们在大多数情况下只与朋友交心的原因。因为其他人的不了解，所以在公开场合对朋友进行赞美就很有必要。在生活中，对朋友进行公开的赞美时，可以采用对比的方法，但最好用自己做垫脚石，这样既可以做到赞美朋友，又不会得罪被拿来对比之人。例如："我在这方面实在是不太擅长，他行，你们别看他平时话不多，那是深藏不露，在行着呢！""我是破罐子破摔惯了，没什么追求。咱们小李可跟我不一样，他是一个有梦想、有追求的人，将来一定能成事。"但是也应该注意，这些赞美必须是对方真的能胜过自己的地方，否则，不仅听的人会觉得你刻意虚伪，有奉承之嫌，就连被称赞的朋友也不会领情。

　　小刘喜欢上一个姑娘，可姑娘总觉得小刘不是认真的，只是闹着玩玩，所以对他一直是不冷不淡的，小刘为此很郁闷。可是突然有一天，姑娘对小刘转变了态度，不再若即若离的了，小刘喜不自胜，但又有些纳闷："我做了什么？是她突然想通了吗？"一直也没明白是怎么回事。后来，姑娘的一位闺蜜告诉小刘，是小刘那天的话打动了她。小刘想了想，那天当着姑娘和一帮朋友的面，他说："小清（姑娘名字）真是个好姑娘，踏实善良，待人真诚，不物质，大家说是不是？……"

　　小刘当着大家的面，公开赞美自己喜欢的姑娘，让姑娘感觉到了小刘的真诚，因此转变了对小刘的看法。可见，公开的赞美更能取得打动人心的效果。

　　对于家人来说，往往更需要公开的赞美。受中国的传统风气所影响，家人之间在感情表达方面很拘谨，并且很少肯定的赞扬，多是否定的批判，特别是父母对孩子。在一些公开的场合，有些大人总是会说："你看那谁谁谁家的孩子，人家怎么怎么样。"这不仅会对孩子造成长久的负面影响，而且会对孩子积极人生观的塑造带来不良的影响。因此，对孩子进行公开的赞美，给予其正面的肯定就成了必要。对孩子进行公开的赞美会使赞美的分量加大，从而对孩子造成的积极影响也会加大。我们可以在公开场合说："我们家孩子最近懂事了不少，经常主动帮我干家务。""我女儿在学习方面一向很自觉，这是我比较欣慰的一点。"或者说："儿子，今天咱们的邻居都夸你呢，说你不仅懂礼貌，而且还乐于助人。"另外，对家庭中其他成员的公开赞美也是必需的，它还是一种调节家庭氛围、加深感情的好方法。

这里有王熙凤的一则事例，非常值得我们借鉴。

黛玉初进贾府，在贾母房间见过各位长辈与姐妹，王熙凤见到黛玉，便赞叹道："天下真有这样标致的人物，我今儿才算见了！况且这通身的气派，竟不像老祖宗的外孙女儿，竟是个嫡亲的孙女，怨不得老祖宗天天口头心头一时不忘。只可怜我这妹妹这样命苦，怎么姑妈偏就去世了！"

王熙凤是贾府中炙手可热的人物，她的权势多半来源于贾母的宠信，所以王熙凤行事说话时时刻刻都依据贾母的爱憎好恶，揣测其心理。对黛玉的赞美既将贾母捧到了至高的位置，又衬出了对黛玉的夸赞，还不忘顾及贾母的孙女们，可谓是公开赞美他人的典范之作。

对于同事，当我们在公开场合对他们进行赞美时，除了要以我们自身为跳板烘托他们，还要注意不要涉及敏感话题，更要兼顾四方，不要因为赞美一个人而无形中得罪另一个人。为了在公司中能顺利地工作，一定要将赞美之词说得客观而中正，为我们的人际关系加分。除此之外，在对上司进行赞美时，要以公众的语气说出赞美之语。有人想要通过赞美上司取得他的好感，于是就在表达自己的赞美时，直接对上司说"我觉得您怎样怎样"。这样的称赞其实是一种既不高明而又带有危险性的说话方式。因为这样说等于是把上司放在了被你评判的位置，上司需要你来"评判"吗？答案显然是否定的，上司需要的是公众的肯定和赞美。所以，高明的赞美就要以公众的语气说出。例如，"大家都说您的这项决策对提高公司的效益很有帮助""同事们都说您领导有方，使我们早早地就完成了这个项目，也为我们带来了福利"，等等。这样的赞美才能让上司更受用，也更加乐于接受。

另外需要注意的是，在以公众的语气向上司表达赞美时，必须保证自己所说的观点符合实际情况，可以进行一定的语言修饰，但大体方向不能与实际有出入。否则，若是颠倒黑白地乱说，早晚会有露馅的时候，那时就会使自己陷入难堪境地，违背了当初赞美的本意。

　　总而言之，公开的赞美会使被赞美者产生更高的荣誉感，获得更高层次的满足。　但也需要一定的说话技巧，掌握好了这种技巧，会使自己在人际交往中更加如鱼得水、游刃有余。

赞美
越具体越好

　　抽象派的绘画往往让人很难一下就说出它的好，它的美是需要领悟的。而写实派的绘画则让外行也能一眼看出像与不像。这一规律放到说话方面也同样适用。抽象的赞美，如"你很好""你不错""你很优秀"等，这些话虽是对他人的全面赞美，但总让人感觉不太受用，甚至有敷衍之嫌。若是能将赞美具体化，赞美对方的某一方面，其效果会马上大不一样。例如，"你对色彩的感觉很细腻，衣服搭配的颜色总是让人赏心悦目""你对待工作的态度真是认真""你的逻辑思维能力真的让人叹服"等，如此，对方立马就能听出你的赞美之意，从而将你的赞美化为信任与认可，最终达到愉快交际的目的。

　　所谓具体，就是指言之有物。与其泛说"久仰大名、如雷贯耳"，不如说"您上次主持的讨论会成绩之佳，真是令人佩服"等话，直接提及对方的具体工作。若恭维别人生意兴隆，不如赞美他推销产品的努力，或赞美他的商业手腕；泛泛地请人指教是不行的，你应该择其所长，集中某点请他指教，如此他一定高兴得多。再者，赞美的话一定要切合实际，比如到别人家里，与其说一些空洞的恭维话，不如赞美房子布置得别出心裁，或者赞美他的宠物乖巧可爱，或者赞美对方最近的工作成绩，等等，这比说上许多无谓虚泛的客套话效果更佳。

　　李鸿章在清朝位居中堂，位高权重，朝中官员都想讨好他，好让他多多提携自己。这一年，李鸿章的夫人要过五十大寿，这对于那些想讨好他的人来说自然是个大好时机，寿辰未到，这些人就开始行动了，生怕自己落在别人后面。

　　这个消息传到了合肥知县那里，知县觉得这是拉近和中堂大人距离的绝好时机，也决定备一份礼送去。但他一个小小知县，囊中羞涩，中堂大人什么没见过，若是礼送得轻了，等于没送，送贵重的又送不起。知县一时不知如何是好，直犯愁，于是便请师爷前来商量。

　　师爷看透了知县的心思，胸有成竹地说："这好办，您交给我。保准一两银子也不花，而且送的礼品让李大人刮目相看。"

　　"是吗？送什么礼物？"知县一听，喜不自胜。

　　"一副寿联即可。"

　　"寿联？这，能行吗？"

师爷说："您尽管放心，此事包在我身上。保管您从此飞黄腾达。这寿联由我来写，你亲自送去，请中堂大人过目。"

知县满口答应。

师爷写好后，知县就带着对联上路了，日夜兼程赶到了北京。到了李鸿章夫人寿辰的这一天，知县跪到中堂大人面前，将对联双手奉上。

李鸿章顺手接过，打开上联：

"三月庚辰之前五十大寿。"

李鸿章心想："这叫什么句子？也敢拿来献作寿礼？且看他下句是什么。"于是，李鸿章又打开了下联：

"两宫太后以下一品夫人。"

"两宫"指当时的慈安、慈禧，李鸿章见"两宫"字样，不敢怠慢，连忙跪了下来，命家人摆好香案，将此联挂在《麻姑上寿图》的两边。

这副对联深得李鸿章的赏识，自然对那合肥知县另眼相待，称赞有加。而这位知县也因此官运亨通了。

合肥知县的这副对联，没有泛泛夸赞中堂夫人是如何高贵，而是直接以两宫太后作比，既具体翔实，又不偏不倚，太后是何等的尊贵，以此来衬托中堂夫人的地位，既生动具体，又简单明了，可谓高明。

赞美越具体，就越能体现你的真诚与所说的话的真实性，从而增加可信度，当然也就更加能打动别人。

小李与小王是同事，他们同时喜欢上了公司的一名女同事。两人都使出浑身解数对其百般讨好，希望自己能赢得美女的芳心。俩人性格不同，采取的方式也不尽相同。

　　小李是个细致的人，每每见到这位女同事就针对其特点进行具体的赞美，如，"你今天的衣服颜色很衬你的气质""你耳钉的颜色搭配得很漂亮，我也喜欢蓝色""你的项链是蒂芙尼的吗"，等等，使女同事每天见到自己都能脸上堆满了笑意。

　　而小王则是个大大咧咧的人，总是鲜花攻势，赞美的话也多是："你今天真漂亮""你气色不错"等之类空泛的言辞。

　　最后的结果当然是细致的小李赢得了美女的芳心，最终抱得美人归。

小李的赞美都是具体的，而小王则是泛泛地对其整体进行赞美，而把两人放一起对比，小李的赞美就好比每次都找准一个点用力，小王则是把劲使在一个面上，自然是没有小李的赞美显得更有力度、更深入人心。　由此可见，赞美是越具体越好。越具体，就显得你对对方越了解，你的赞美也更加可信。

　　总而言之，人人都喜欢来自他人的赞美，但不一定所有的赞美都会让听者喜欢。而事实证明，相对于虚泛的空头赞美，具体的赞美更能让被称赞者受用并对赞美者产生好感。因此，当我们赞美他人时，要尽量使赞美言之有物、具体翔实，能让对方有迹可循，这样才能使赞美完全发挥其功效，为我们营造良好的人际关系。

反语赞美的
方法与效果

　　反语是指运用与自己原本要表达意思相反的言辞，表达出对他人的肯定的评价。简言之，就是用反面言辞表达正面的论点。反语赞美往往能比正面赞美取得的效果更好。例如，某制药厂的厂长赞美一位药剂师大胆实验、大公无私的献身精神时，说道："为了减少药物的副作用，在正式投产前，你长期泡在实验室里，对新药不择手段，抢吃抢喝，多吃多占，在自己身上反复试验，我这个厂长真是拿你没办法。"像这种用反语赞美他人的方式，不仅令人感到幽默有趣，而且从反面加强了赞美的力度，使听者感到如沐春风。

　　那么，如何具体运用反语对他人进行赞美呢？下面我们将通过几个例子来进行说明。

　　　一次，小林去参加同学聚会，宴会上，一位老同学举着酒杯朝小林走来，边走还边说："你这个家伙，在学校时就那么优秀，什么问题都难不倒你，现在都工作了，还是像以前一样，你就不能谦虚点，给别人留些活路啊？时不时地也偷偷懒，别那么勤奋、那么能干行吗？"

　　几句话，虽是带着嗔怪的语气，但明眼人都明白这是在赞美小林，小林听了心里也喜滋滋的，于是顺着这位同学的话说："好，我知道错了，我一定听从你的教训，把这个臭毛病给改了。"同学们都报以会心的微笑。

　　这是在同学和朋友间运用反语赞美对方的事例，从这则事例我们可以看出，朋友间的赞美大可随意一点，若是正儿八经地向对方表示赞美反倒会显得很做作、假惺惺，似乎背后藏着什么不可告人的目的似的，令人不舒服。用反语赞美对方既不会让彼此感到别扭，还能达到很好的幽默效果，与常规的赞美方式相比更具特色，令人眼前一亮，耳目一新。

　　老郭在一个公司担任总经理，手下有两三百人。由于老郭在国外进修过管理学，又是从底层一步步走到今天的位置的，所以很有一套自己的管理方法。他认为，赞美是对员工最大的激励，而且越是不常规的赞美越有效果。公司的业务员小吕，工作非常有热忱，常常为了工作而放弃休息，甚至有时候节假日也不忘为公司揽业务。老郭便故作严肃地对他说："小伙子，为公司招揽这么多业务是不是想把公司的资金都给了你做提成啊？你野心够大的呀！我警告你，工作是公司的，身体可是自己的，该休息就休息，别妄想着把你的健康也介绍进公司工作，我可不答应。"小吕听后，会心一笑，回答道：

"经理教训的是，我一定改正'错误'，请经理放心。"说罢，两人相视而笑。

老郭运用反语对小吕进行赞美，既不像常规的"嗯，干得不错""很好"等那么平淡而又有敷衍的成分，又能让对方感到亲切随和，在赞美对方的同时，拉近了彼此的心理距离，同时还产生了幽默的效果，可谓一举三得，委实高明。由此也可看出，在对下属表达赞美时，运用反语这一说话方式，往往能取得更加丰富的立体效果。

需要注意的是，用反语的形式对他人表示赞美要在特定的环境和背景下才可使用，脱离了一定的环境，可能就不能发挥其特有的效果。例如，运用反语表示赞美的方式本身就具有一定的幽默色彩，不适合在庄严肃穆的场合中使用。

老宋是一个有点大男子主义的人，平时在家里都是说一不二的，但不幸因为车祸去世了。小梁是老宋的外甥，来参加舅舅的追悼会，他想安慰舅妈，顺便讨舅妈的欢心，就说道："舅妈，您节哀啊，人死不能复生，当心自己的身子。"听到这里，小梁的舅妈还是挺受用的，心里多少得到点安慰，但是小梁接下来的话却把这点安慰全说没了。小梁说："要说这也怪您太温柔了，如果您也像那孙二娘那样是个母夜叉，管住他，舅舅说不定就出不了这个事了。"小梁的舅妈心里本来就难受，一听他这样说，心想："你说这不冷不热的夹生话是来看我的笑话的吗？"顿时感到厌恶，冷冷地对小梁说："你工作忙，还是早些回去吧，别在这儿耗着了。"

小梁本来是想赞美舅妈温柔贤惠的，但是却因为在这种场合错用了反语赞美的说话方式，使自己的话偏离了本来的用意，使对方不但没能领会到他的安慰之意，反而认为他不友善，给自己造成了不必要的人际损失。首先，在比较严肃的场合，说话内容和语气都应该符合气氛，反语赞美的幽默性根本就不适合在这里用。然后，在这种时候，小梁的舅妈本来就很伤心、敏感，小梁的话很容易让人理解为奚落与嘲笑。所以说，反语赞美是高收益、高风险的说话方式，要充分辨清形势才能出口，否则，若是像小梁这样不分场合地乱用，最终可能会造成与预期相反的结果。

总之，运用反语表示赞美的表达方式属于剑走偏锋，使用得当会取得特殊的效果，赢得满堂彩。若是使用不当，取得意料之外的反面效果也是有可能的。所以，若想运用反语出奇制胜，就要保持清醒的全局头脑，分辨出环境是否合适，这样才能达到预想的效果，使赞美的语言发挥它独特的魅力。

背后比当面赞美
更有效

由于人际交往的需要，人们当面评价他人时，免不了会说一些恭维话、客套话。而在背着人的时候，言论中的评价才是自己心里最真实的想法，这些想法可能会与人前之话不尽相同，甚至还可能产生为当面所说的话进行翻供的欲望。或抱怨，或指责，或愤怒，或"反动"，等等。这是人之常情，处于人际关系中的人几乎都对这一现象心知肚明。所以，有时人前的面子话别人只是一听而过，大多不会当真。对通过"小道消息"等其他途径传入自己耳中的言论倒是分外在意，认为这种言论的可信度更高，对自己来说也更有价值。

因此，若是能经常在背后赞美他人，则会大大增加赞美之词的可信度，使赞美之语更能打动人心，同时也更容易获得对方的好感与认可。

《红楼梦》中有这么一段描写：史湘云、薛宝钗都劝贾宝玉做官为宦，贾宝玉大为反感，对着史湘云和袭人赞美林黛玉说："林姑娘从来没有说过这些混账话！要是她说这些混账话，我早和她生分了。"

凑巧这时黛玉正来到窗外，无意中听见了贾宝玉说自己的这些话，不觉又惊又喜、又悲又叹。结果使宝黛二人的心理距离更加缩短了，又因此互诉衷肠，感情大增。

对于林黛玉来说，贾宝玉在史湘云、薛宝钗和自己三人之间，单单赞美自己一个，已是让她感动不已。而这些赞美的话又是他在明知林黛玉听不到的情况下说的，愈发显得难能可贵。若是当面对她讲这些话，虽然受用，但依林黛玉的性格，难免会因将自己与他人相比而有所猜疑，所产生的效果肯定会大打折扣。

由此可见，背后的赞美往往能取得意想不到的效果。当面说人家的好话，对方可能会认为你只是处于礼貌的客套，而当我们的好话是在背后说时，则会给人一种真诚可信的感觉，对方会因此对我们心存感激。假如我们在其他同事和上司都在场的情况下当面赞美上司，既会让同事们觉得这种行为是在讨好上司，溜须拍马，而且也会让上司觉得你是在做"面子活"，目的是让上司觉得你比其他同事更优秀，甚至还会给上司造成你不顾其他同事的感受、不团结同事的感觉。所以这种当面的歌功颂德往往效果甚微，甚至还会引发其他反面的效果。与其如此，还不如将溢美之词在上司不在场时讲出来，既可避免当面赞美的负面效应，又能使我们的赞美更可信、更有分量。

在生活和工作中，背后说人坏话、诋毁别人的人是小人，而背后赞美他人则是光明磊落的表现，这样的人无论是在生活中还是在工作中往往能得到他人的敬重。

王导是一名非常著名的导演，他做人很随和，做导演却极富个性。另一位著名的导演方导，同样是一位极富个性的导演。因为两位导演出类拔萃，经历又有些相似，所以媒体常常把他们二位放在一起作对比。一次，王导在媒体的要求下谈及方导时，对其做出了这样的评价："方导是一位非常出色的导演，我跟他的特点在于，我们都保持自己的个性。这个个性别人可以不喜欢、不欣赏，但他从不妥协，他保持他的个性，而在我们国家这样的导演很少。不能因为方导演的作品没有得奖，就说这说那的，我觉得这是一种短视。"

相信方导听到这段话后一定会感叹王导是他的知音，感受到对方的惺惺相惜。试想，若是这段话是王导当着方导的面讲出的，其所达到的效果恐怕就没有那么单纯了。方导会认为王导对自己的赞美之言在一定的程度是为了彰显他自己的高风亮节与胸怀坦荡，也是为了大家的脸面。而当王导在方导不在场而且有可能听不到这段说辞的情况下，给予方导的个性与作品充分的赞美，就大大提高了其赞美之情的纯度，同时也使自己的人格显得更加高尚、可敬。

世上背后道人闲话者不少，赞美他人者不多，人们心里对此大都一清二楚。听到了别人在背后说自己的闲话，会觉得不足为奇，但若是听到别人在背后赞美自己，那就完全值得激动莫名了。

　　所以，在日常生活中，如果想赞扬一个人，不妨在他背后向他的朋友和同事赞扬其一番。 直接赞美的力度有时会使对方感到意犹未尽或者不过瘾，甚至过些时间再回想起来还有可能演变为虚假的恭维，而背后赞美则可以很好地避开这些当面赞美的不足。 所以，多在背后赞美你要赞美的人，能使你与对方的关系更加融洽。 假如，有一个人跟你说："谁谁谁经常跟我说，你是一位热心肠的人，古道热肠，很有侠者风范。"相信这时你的心里会感到一股暖流，顿时温暖了许多。

　　我们何不多在背后赞美别人呢！ 这样既可以让他人感到愉悦、开心和世界的美好，又可以为我们的人际关系加分，赢得一个好人缘，何乐而不为呢？

偶尔也需要
"虚假"的赞美

郑板桥说，聪明难，糊涂更难，由聪明转入糊涂难上加难。可见，有时候装糊涂是很不容易的。有首歌唱得好："生活，就是一团麻。"生活本就没有太多规则可循，最终目的都是使人更愉悦、更舒适。在生活中，有时候不必太较真，太较真反而会失去生活的意义与乐趣。所以，我们偶尔也需要以无伤大雅的"虚假"赞美来维持人际关系的和谐，赢取别人的信任。

人都有趋吉避凶的本能，当真相对他人来说是一种伤害时，我们大可以选择不说或说一些无关紧要的"谎言"，借助一些"虚假"以及他人所期望的语言对他人进行赞美，以此来营造和谐的人际关系。

夫妻之间也是如此。当然，真诚是夫妻相处的前提，但偶尔一些夸张的赞美，却是生活中的润滑剂、调味品，让彼此之间的关系更和谐，生活更融洽。

乔珂和小悠刚结婚不久，虽然新婚燕尔，但日子长了也难免产生些小摩擦。一天，小悠正在做家务，洗衣、拖地、擦桌子……忙得不可开交，而乔珂则坐在沙发上看电视。小悠心里感到不平衡，气愤地冲着乔珂说："你可不可以把眼睛稍微离开电视机里面的美女一下下？以前也没发现你这么爱看电视！真是婚前婚后两个样！"乔珂一听小悠生气了，才发觉自己看得太入迷了，赶忙笑着说："以前我看你还看不够，哪还顾得上看电视？现在……""现在怎么样？"小悠把眼一瞪，等着他说下去。"现在一看，"乔珂说，"发现电视里的人真是都不如你！我以后再也不愿意看电视了！"说得小悠笑了。

　　电视节目中美女如云，肯定不是都不如小悠，但乔珂却夸张地说都不如小悠，显然不符合实际，小悠也不会相信。但是，这种"虚假"的赞美在这种情况下却收到了很好的效果，博得了对方的欢心，缓解了夫妻间的矛盾。

　　季羡林先生也曾说过"真话不全讲"，就是说真话也要有选择地说。一些不涉及重大原则问题的真话，可以不说，因为说出来并无太大的现实意义。相反，若是以"虚假"的赞美、善意的谎言将其代替能产生更多的积极意义，那么我们大可选择"虚假"的赞美来代替具有杀伤力的真话。

　　王芳是一名公司会计，可能是因为职业特性，她凡事都爱较真，眼里容不得半点沙子，遇事从不打马虎眼。这是她工作上的优点，但同时也是她人际交往的缺点。

为此，她没少得罪人。

　　一天，单位的一名女同事小张买了条新裙子，是较短的那种，第一天穿来上班。其实小张的身材是比较丰满的那种，特别是腿比较粗，穿上并不太好看。大家都围着她看，有的说："呦，这质地一看就是高档布料，肯定不便宜吧？"有的说："穿上它显得你更高了呢。"还有人说："这跟你以前的风格不太一样，别有一番风味呢。"说得小张心里乐开了花，心想虽然很贵，但也值了。而王芳看到了，却不以为然，认为大家都在欺骗小张，于是说："这样的裙子腿细长的人穿上才好看，不适合你穿。"办公室的气氛瞬间凝固了，大家面面相觑，小张更是觉得尴尬，脸涨得通红，不知如何是好。

王芳说这样的话也本无恶意，并不是要讥讽小张，但却没有意识到小张的本意。女人购物买衣服，本就是为了使自己高兴。小张穿着新裙子来上班，就是要接受赞美，以满足自己的虚荣心。但王芳却给她浇了一盆子冷水，让本来满心欢喜的小张心情一下子落到了谷底，让本来欢乐融洽的气氛顿时变得僵硬。此时，若是王芳换一种说法表达："你穿这条裙子也挺不错，不过，我还是觉得长裙更加适合你，更衬你的气质。"那结果肯定会大不一样。因为你既给了她肯定，又给了她建议，说明你平时对她是有关注的，这样对于你而言没有丝毫的损失，又能使你们的关系更上一层楼，何乐而不为呢？

　　由此可见，在某些情况下，说一些"虚假"的赞美之言往往比说出大实话更容易让人感到你的真诚。当然，并不是鼓励大家虚情假意，相反，这正是为了体现你的真诚。 我们为了避免对他人造成言语的伤害，才在一定情况下选择了"虚假"的赞美，可见"虚假"之下是一颗为他人着想的温暖的心。

在很多时候，说实话都会令人感到扫兴，甚至会让人感到尴尬、下不来台。 尽管你说的句句在理，而且完全发自内心，但在别人看来，你完全是一个不通情理、惹人讨厌的"怪胎"。

其实，你完全可以换一种更聪明、委婉的方式来表达你的观点。 这样说既不得罪他人，不给别人增添不快，又可以用一种他人更乐于接受的方式说出你的观点，可以对人际交往能起到积极的正面作用。

总而言之，在人际交往中真话有时候不可以全讲出来。就像徐志摩说的那样：如果真相是种伤害，请选择谎言。 这里的谎言是为了避免对他人伤害而说的谎言，因此，是善意的谎言。 "虚假"的赞美在有些情况下就是善意的谎言，是为了让他人同时也让我们自己生活得更好。 所以，在一定的情况下，"虚假"的赞美是正义的，是可以创造美好、消除不幸的，我们可以放心大胆地说。